RILLETTES

Geschenke aus der Landküche

Mit Liebe gemacht – mit Freude verpackt

GABRIELE GUGETZER

Inhalt

Vorwort

Haben Sie zwei linke Hände, einen guten Geschmack und macht Schenken Sie glücklich? Dann ist dieses Buch genau das Richtige für Sie. Denn es ist von einer Leidensgenossin geschrieben. Im Bastelunterricht in der Schule klebte ich am Ende der Stunde mit schöner Regelmäßigkeit am Tisch fest. Kochen und backen lernte ich auch erst später, denn als 13-Jährige wurde ich Feministin und wollte meine Gedanken natürlich nicht im Küchendunst in Luft auflösen. Vielleicht war ich auch ein bisschen faul. Aber ich war sowieso ein schwieriger Teenager, behauptet meine Mutter noch heute, weshalb sie sich mit schöneren Dingen im Leben beschäftigte, als mir Kochen und Backen beizubringen.

Trotz solcher Handicaps machte ich schon immer am liebsten selbst gemachte Geschenke. Anfangs als Studentin im teuren Ausland, aus reiner Geldnot. Später hatte ich Gefallen am ländlichen Stil gefunden und durchstöberte auf der Suche nach Verpackungen und Ideen Flohmärkte und Secondhandläden. Mittlerweile sind selbst gemachte Geschenke für mich die beste Art, Wertschätzung auszudrücken. Selber machen heißt, Zeit zu investieren – in einer Zeit, in der wir alle scheinbar überhaupt keine Zeit mehr haben.

Dass kleine Geschenke die Freundschaft erhalten, ist ein kluger Spruch, der von Lebenserfahrung zeugt. Weiter geht er übrigens mit der ebenso klugen Beobachtung, dass zu kleine Geschenke eine Freundschaft stören. Etwas selbst zu backen, zu verzieren, sich Gedanken um eine schöne und ungewöhnliche Verpackung zu machen, die idealerweise sogar nachhaltig ist und nicht gleich als Sondermüll entsorgt werden muss, zeugt genau von einem großen Blick auf die Dinge und ist kein zu kleines Denken.

Ich kann mich beispielsweise noch heute an ein Geschenk erinnern, das ich in der Grundschule zum Geburtstag bekam. Eine Mitschülerin hatte es gebastelt, deren Eltern kaum Geld besaßen. Aber ihr Geschenk war ganz einfach und ganz toll: drei kleine, selbst gepflückte Himmelschlüsselchen, für die sie eine selbst bekleckste Vase aus einer leeren Eierschale gezaubert hatte. Ich hatte so etwas noch nie gesehen und trug das Geschenk auf dem Nachhauseweg stolz wie eine Monstranz vor mir her. Aber ich hatte nicht mit Siggi gerechnet, einem Mitschüler. Den mochten noch nicht mal die Jungs. Er schubste mich. Die Eierschale fiel zu Boden. Doch meine erste große Liebe war selten mehr als ein paar

Meter entfernt. Rolf hob die Eierschale auf, die heile geblieben war, spuckte ordentlich hinein, damit die Blümchen wieder Wasser hatten und arrangierte die zerzausten Himmelschlüsselchen, als habe er nie etwas anderes gemacht als Ikebana. Danach widmete er sich Siggi, der hinterher noch unbeliebter war – und etwas schief im Gesicht.

Solch bleibende Erinnerungen – natürlich ohne diese schlagkräftige Pointe am Schluss – sollen auch Ihre Geschenke auslösen.

Fünfzig Rezepte finden Sie in diesem Buch vereint. Mit selbst gemachten Pralinen, kandierten Zitrusfrüchten, einem Walnussbrot im Blumentopf, einer Barbecue-Würzmischung oder selbst gemachtem Käse, marmorierten Eiern im Kressebett, einer Linsensuppe, verpackt in einen gemütlichen alten Schmortopf, und sogar einem selbst gebeizten Lachs schenken Sie, das verspreche ich Ihnen, Freude und Genuss. Und vielleicht sogar Gesprächsstoff. Denn welches Geschenk ist schöner als eines, an das sich der Beschenkte noch lange erinnern kann?

Damit das klappt, sind die Geschenke anfängertauglich und Sie müssen auch nicht den nächsten Bastelladen leer kaufen, bevor Sie loslegen können. Ein ordentlicher Ofen wäre schön, eine ganz normale Küchenausstattung reicht völlig aus und zum Verpacken können Sie von einer einzelnen Sektflöte bis hin zum Ahornsirup-

Fläschchen alles umnutzen, was Sie nicht weggeworfen hatten in der Hoffnung, doch noch einmal eine gute Verwendung dafür zu finden.

Viel Spaß dabei!

Ihre Gabriele Gugetzer

Einleitung

Sie wollen Geschenke selber machen, aber Sie haben keinen professionellen Fundus an Flohmarktfundstücken und Verpackungen? Wunderbar. Denn was dieses Buch Ihnen zeigen möchte, ist, dass es auch ohne perfekt funktioniert.

Deshalb enthält »Geschenke aus der Landküche« viele allgemeine Anregungen, überdies jedoch unzählige praktische Tipps, dazu Schablonen und andere Bastelideen und zudem einen umfangreichen Adressverteiler, mit dem sich von Masking Tape und essbaren, himmelblauen Blüten bis hin zum selbst geschnitzten Holzlöffel wirklich alles finden lässt, um ein Geschenk schön ländlich zu stylen.

Die Inspirationsquelle von Fotografin Frauke Antholz und mir war dabei nicht nur der deutsche, ländliche Stil, der viel auf Naturmaterialien vertraut, auf verblichene, schöne Leinenstoffe, auf Baumwollbänder, auf dezente Farben. Auch der englische und der französische ländliche Stil, letzterer ein bisschen verspielter, ersterer ein bisschen schräger (Stichwort: die Royals) sind in dieses Buch eingeflossen.

Doch dies ist nicht nur ein mit vielen Stylingideen voll gepacktes Bastelbuch. Es ist auch ein ganz normales Koch- und Backbuch. Die Rezepte sind in vielen Einzelschritten präzise erklärt und lassen sich ganz einfach

nachkochen. Trotzdem sind sie etwas Besonderes – der Grund dafür ist, dass ich wie eine kleine Elster international geräubert habe. Sie werden englische, amerikanische, irische und französische Einflüsse finden.

Die Optik, die dieses Buch prägt, ist vor allen Dingen eins: unaufwendig. Selbst wenn Sie vorher noch nie gebastelt haben, können Sie die Umsetzung von einem selbst gebackenen Brot zum Gastgeschenk oder von Brownies zum Mitbringsel Schritt für Schritt nachmachen und umsetzen. Der Look des essbaren Inhalts wird bei Ihnen hinterher übrigens genauso aussehen, wie in der Profiküche von Frauke Antholz. Genau das war nämlich gewollt.

Wenn Frauke Antholz und ich Sie jedoch dazu angestiftet haben, sich Ihr eigenes Styling zu überlegen, dann sind Flohmärkte bestimmt der beste Ort, um Inspirationen zu finden. Kommen Sie so früh wie möglich, am besten, wenn die Händler gerade erst aufbauen. Dann finden Sie die wirklich außergewöhnlichen Dinge. Wenn es Ihnen jedoch darum geht, nicht viel auszugeben, sollten Sie zocken. Verschaffen Sie sich bei einem ersten Rundgang einen Überblick und rücken Sie erst dann zum Kauf an, wenn der Händler Ihrer Wahl schon dabei ist, Schluss zu machen. Niemand packt gerne ein. Erst recht nicht, wenn ihn kurz vor Schluss noch ein potenzieller Käufer anlächelt.

Hübsche Verpackungen möchte man eigentlich immer für spätere Zwecke aufbewahren, aber wo? Wer wie ich in einer kleinen Stadtwohnung lebt, wird durch diese Herausforderung immer wieder diszipliniert, den Keller aufzuräumen und als drittes Zimmer zu gestalten.

Obwohl, kommen Sie lieber nicht ohne Voranmeldung vorbei, um sich das anzuschauen …

Alles, was kleiner ist, hebe ich in dekorativen, festen Einkaufstaschen auf. Reste von Satinbändern finden sich darin, zusammengerollt und mit Tesafilm festgebunden, ebenso schöne Umverpackungen, beispielsweise für Schmuck oder einen Duft, die sich gut noch mal verwerten lassen. Satinpapier und Glanzpapier wickele ich auf Papprollen auf, die ich, in Plastiktüten gerollt, unter dem Schlafzimmerschrank aufbewahre (und manchmal dort vergesse).

Auch Retrocharme lässt sich im Keller prima verstauen. Sortieren Sie Ihre Fundstücke nach Größe oder nach Farbe und nicht nach der Entstehungszeit. Denn eine gewisse Ordnung hilft tatsächlich dabei, kreativ zu werden. Wer vor einem optischen Durcheinander steht, sieht meist den sprichwörtlichen Wald vor lauter Bäumen nicht.

Orange und braun, zwei klassische Farben aus den 1970er-Jahren, können beispielsweise gut neben schlichtem Weiß bestehen oder – vielleicht kennen Sie ja die quietschebunten Pril-Blumen noch – sogar neben Pink und Gelb. Beim Verpacken können Sie mit Bändern oder Papier in den entsprechenden Farben so einen gekonnten Hingucker zaubern.

Leuchtend bunt gefärbtes Glas aus den sechziger Jahren – Rot und Blau waren damals beliebte Töne – kann vielleicht sogar genau in dieser Farbkombination bestehen oder braucht beim Verpacken eine edle Folie in Silber oder Gold.

Im englischen ländlichen Stil gilt beispielsweise als oberste Faustregel, dass unterschiedliche Muster dann harmonieren, wenn die Farben exakt aufeinander abgestimmt sind. Wenn Sie also nur kariertes Geschenkband haben und auch keine Zeit mehr, anderes Band zu kaufen, wählen Sie als Verpackung etwas, was farblich damit harmoniert.

Schön gemustertes Papier kommt besonders als selbst gemachte Geschenktüte zur Geltung:

Verwenden Sie einen DIN-A3-Bogen, den Sie quer vor sich hinlegen. Klappen Sie die linke mit 3 cm Überstand auf die rechte Seite, falzen den Überstand, streichen ihn mit Uhu ein oder kleben ihn auf die linke Seite.

Falten Sie den Boden: Klappen Sie 6 cm Papier nach oben, falzen Sie dieses und falten Sie es an den rechten und linken Ecken diagonal. Dann wenden Sie das Papier und wiederholen den Vorgang. Wenn Sie beide Seiten auseinanderziehen, haben Sie vier Dreiecke.

Falten Sie auf der einen Seite die obere Kante des Papiers bis zur Mittellinie und kleben Sie sie an den Seiten auf den Dreiecken fest, wiederholen das auf der anderen Seite und kleben Sie den Überstand mit Tesafilm auf einer Seite unten fest. Bringen Sie mit einem einfachen Locher Löcher an der Oberseite für Schmuckband an.

Meine Fotografin Frauke Antholz macht es in Sachen Deko ganz anders: Sie lebt mit ihren Requisiten und hat einfach ihr ganzes, niedliches Haus zu einer einzigen Requisitenkammer umgestaltet. Wo sie geht und steht, muss sie wahlweise nur nach oben, links oder rechts greifen, um gleich das passende i-Tüpfelchen fürs Bild zu bekommen.

Auch im Internet werden Sie bei besonderen Verpackungswünschen fündig, ebenso auf der Suche nach schönen alten Behältnissen. Ebay ist nach wie vor der Anbieter mit der besten Auswahl. Kleinere Anbieter sind Yatego, Ricardo oder Hood. Tipp: Achten Sie beim Kauf darauf, ob etwas echt alt oder nur »im Stil von« ist. Möchten Sie Ihre persönlichen Kreditkarteninformationen, die für einen Kauf im Internet häufig erforderlich sind, nur ungern weitergeben? Das PayPal-System gilt als sicher, aber vielleicht ist es Ihnen lieber, auf Rechnung zu kaufen und ganz klassisch mit einer Überweisung bezahlen? Sprechen Sie einfach mit Ihrer Bank darüber.

Doch egal, für welche Verpackung Sie sich entscheiden: Sie verschenken Persönliches. Und wenn Sie eine schöne Schrift haben, ist vielleicht auch das schon die halbe Verpackung. Sie können das Rezept in Kalli-

Schwierigkeitsgrad der Rezepte

❀ ❀ ❀ schnell und unkompliziert

❀ ❀ ❀ etwas anspruchsvoller

❀ ❀ ❀ zeit- und arbeitsintensiv

grafieschrift schreiben oder niedliche Aufkleber gestalten oder aus Pappe kleine Schilder basteln, die Sie am Geschenk befestigen und damit ausdrücken, dass es von Herzen kommt und wirklich persönlich gemeint ist.

Ich glaube, viele von uns assoziieren das Ländliche, das jetzt so modern geworden ist, mit einem bestimmten Lebensgefühl und einem Wertesystem; obwohl das natürlich sehr hochtrabend klingt für ein Back- und Bastelbuch. Es bedeutet, nicht achtlos zu sein. Nichts wegzuwerfen. Respekt zu haben auch vor kleinen Dingen, und sei es auch nur eine alte Milchkanne oder ein knallrotes Likörfläschchen.

Eine verständliche Wandlung in unserer von Stress geprägten Zeit.

Deswegen finden wir, die wir doch meist in Städten wohnen, das Herzhafte am Ländlichen besonders interessant. Es wirkt besonders authentisch und ist auch ein bisschen was anderes, denn viele Rezepte aus der Zeit, in der man auf dem Land noch alles selbst gemacht hat, sind ja leider heutzutage in Vergessenheit geraten. Die Rezepte dafür sind ganz einfach. Aber eben etwas Besonderes.

Und wenn Sie Ihre kleinen Schätze und Fundstücke mit Bedacht anschauen, wird Ihnen auch ein kreativer Nutzen als Verpackungsidee einfallen. Frauke Antholz und ich wollten Ihnen mit diesem Buch eine kleine Anregung geben.

Und jetzt – viel Freude beim Selbermachen!

Süße Verführungen

Kennen Sie jemanden, der Süßes nicht mag?

Natürlich ist Zucker nicht so gesund wie eine große

Schüssel über Wasserdampf gegarter Kohlrabi-Blätter.

Und dennoch: Als Geschenk eignet sich nichts besser

als eine süße Verführung.

Feine Pralinen
mit Rum

Zutaten
für etwa 30 Pralinen
100 g Zartbitterschokolade
100 g Butter
100 g Puderzucker
220 g Kakaopulver
2 EL gemahlene Mandeln
1 EL Rum
½ TL Kaffee- oder
Espressopulver

Diese feinen Kugeln gelingen auch Anfängern, denn sie sollen handgemacht aussehen und nicht so perfekt, als hätte man sie beim Pralinenmacher gekauft. In einer schönen Tüte oder Schachtel lassen sie sich edel verpacken.

Zubereitung

1 Die Zartbitterschokolade grob brechen und mit der Butter im Wasserbad zerlaufen lassen.

2 Den Puderzucker, 1 EL Kakaopulver, die gemahlenen Mandeln, den Rum und das Kaffeepulver unterrühren.

3 Die Masse gut verrühren und durchkühlen.

zum Verpacken
Feste, bunte Papiertütchen
Zellophanbeutel
Bänder zum Verschnüren

4 Das restliche Kakaopulver auf eine mit Alufolie ausgelegte Arbeitsfläche stäuben. Von der relativ weichen Pralinenmasse mit zwei Teelöffeln Nocken abstechen und im Kakao wälzen. Wird die Pralinenmasse zu warm, zwischendurch noch mal kühlen. Die fertig gerollten Pralinen an einem kühlen Ort (z. B. Schlafzimmer) kalt werden lassen.

Zum Verpacken

1 Mit einer scharfen Schere ein Sichtfenster (z. B. Herzen) in die Papiertütchen schneiden.

2 Die Pralinen vorsichtig in die Zellophanbeutel füllen und mit farblich zu den Papiertütchen passenden Bändern verschließen. Die Beutel in die Papiertütchen stellen.

Apfelscheiben

mit dreierlei Schokoladenglasur

Zutaten

für etwa 20 Scheiben

6 einwandfreie
aromatische Äpfel
Je 100 g weiße
Schokolade, Vollmilch-
und Zartbitterschokolade

Material

zum Verpacken

5 Grillspieße aus Holz
30 Marshmallows
Blumentopf oder Schüssel
Kariertes Tuch oder
Serviette
Origami-Schwamm
(Blumenladen)

Wenn Sie das Glück eines gemütlichen Kachelofens haben, können Sie Trockenobst ohne Aufwand zubereiten. Alternativ trocknen Sie die Apfelscheiben im Backofen.

Zubereitung

1 Die Äpfel halbieren, entkernen, schälen und in möglichst dünne Scheiben schneiden. Den Ofen auf 140 °C vorheizen. Die Apfelscheiben auf einem Keksblech ausbreiten und über Nacht im vorgeheizten Ofen trocknen lassen.

2 Zuerst die weiße Schokolade hacken und im Wasserbad schmelzen. Eine Arbeitsfläche mit Alufolie auskleiden. Ein Drittel der Apfelscheiben nacheinander mit einer Kuchengabel aufspießen und über der geschmolzenen Schokolade mit Schokolade einstreichen. Auf der Alufolie trocknen lassen.

3 Die Milchschokolade in den Resten der weißen Schokolade im Wasserbad zerlassen und weiter wie oben verfahren.

4 Zum Schluss die Bitterschokolade zerlassen und weiter wie oben die restlichen Apfelscheiben mit Schokolade bestreichen. Vor dem Verpacken 2 Stunden gut durchtrocknen lassen.

Zum Verpacken

1 Die Apfelscheiben im Wechsel mit Marshmallows auf Grillspieße fädeln.

2 Einen Blumentopf mit einem bunten Küchentuch oder einer Serviette auslegen, sodass die Ränder oben herausschauen. Einen Origami-Schwamm hineinlegen und die Grillspieße so hineinstecken, dass sie wie ein gleichmäßiger Strauß im Blumentopf stehen. Bis zum Verschenken kühl stellen (nicht in den Kühlschrank).

Karamell-Mandel-Popcorn

mit Vanillearoma

Zutaten

für etwa 2 l

2 EL Pflanzenöl
100 g Maiskörner
4 EL Butter
200 g Mandelstifte
50 g brauner Zucker
½–1 TL Vanillearoma
1 Prise Salz
1 Msp. Natron

Material

zum Verpacken

1 mittelgroße Papiertüte
Farblich passende Bänder

Dieses knusprige, appetitlich hellbraune Popcorn können Sie in einer klassischen, amerikanischen Shopping-Tüte aus braunem Papier verpacken. Eine schöne Tüte lässt sich aber auch ganz leicht selbst machen.

Zubereitung

1 Den Ofen auf 100 °C vorheizen. Das Öl in einem großen Topf mit gut sitzendem Deckel erhitzen. 3 Maiskörner in das heiße Öl werfen. Wenn sie poppen, den Rest zugeben, gut verrühren, dann bei leichter Hitze abgedeckt poppen lassen. Den Topf hin und her ruckeln, damit kein Maiskorn am Boden festklebt.

2 Die Butter in einer kleinen Pfanne erwärmen. Die Mandeln, den Zucker, das Vanillearoma und das Salz unterrühren und verrühren, bis die Masse die Konsistenz von Sirup hat. Dann das Natron unterrühren. Diesen Sirup über die frisch gepoppten Maiskörner gießen und gut verrühren.

3 Ein Backblech mit Backpapier auskleiden und das Popcorn gleichmäßig darauf verteilen. Etwa 40 Minuten knusprig trocknen lassen, dann in die Schüssel umfüllen und möglichst frisch verschenken.

Zum Verpacken

1 Sie können das Popcorn in einer gekauften Papiertüte anrichten oder auch eine eigene basteln (Anleitung auf Seite 12). Füllen Sie die Tüte nur so hoch, dass Sie sie noch bequem transportieren können.

2 Stanzen Sie mit einem Locher Löcher in den oberen Rand und fädeln sie Geschenkband als Tragegriffe hindurch.

Tipp

Wenn die Tüte etwas zu groß für die Popcorn-Menge ist, können Sie den Boden mit zusammengedrückter Küchenfolie ausfüllen, darüber einen Pappdeckel passend zurechtschneiden und einlegen und erst dann das Popcorn anfüllen.

Hausgemachte Schokolade
mit Nüssen und Blüten

Zutaten
für 3 Tafeln

300 g Schokolade oder
Kuvertüre
100 g Nüsse
1 EL getrocknete, bunte
Blüten

Material
zum Verpacken

Backpapier
Zellophanpapier
Pappe
Bänder in Gold oder Rosa

Aus einer guten Schokolade können Sie mit ein paar Tricks eine echte Designer-Schokolade machen – *designed by you*, selbstverständlich. Wichtig ist das Temperieren der Schokolade, damit sie hinterher schön glänzt.

Zubereitung

1 Die Schokolade grob hacken. Ein Drittel der Schokolade bei leichter Hitze in einem Wasserbad langsam erwärmen, dabei immer wieder durchrühren. Wenn die Schokolade vollständig zerlaufen ist, vom Herd nehmen und im Wasserbad auf Zimmertemperatur abkühlen lassen.

2 Die geschmolzene Schokolade im Wasserbad ein zweites Mal bei leichter Hitze erwärmen. Jetzt die restliche Schokolade portionsweise unterrühren. Erst neue Schokolade unterrühren, wenn die alte geschmolzen ist.

3 Die Schokolade wieder vom Herd nehmen und im Wasserbad abkühlen lassen, dabei noch mehrere Male durchrühren.

4 Die handwarme Schokolade auf Backpapier zu der gewünschten Form – z. B. oval oder viereckig – ausstreichen, mit Nüssen und Blüten dekorieren und fest werden lassen.

Zum Verpacken

1 Aus Pappe passende »Untersetzer« für die Formen ausschneiden.

2 Die Tafeln auf die Pappen legen. Das Zellophanpapier wie eine größere Tüte zuschneiden, die Tafeln hineinschieben und an zwei Seiten mit Tesafilm zukleben.

3 Den oberen Tütenrand mit Bändern zubinden.

Kandierte Knabberstangen
mit Zitrusaroma

Wer mag bei sommerlichen Temperaturen schon zu oftmals halb geschmolzener Schokolade greifen? Mit diesen erfrischend süßen Knabberstangen haben Sie das optimale Gastgeschenk – nicht nur für die heißen Tage.

Zutaten

für etwa 60 Stangen

2 unbehandelte Orangen
3 unbehandelte Grapefruits
350 g Zucker

Material

zum Verpacken

Gläschen
Zellophanbeutel oder -papier
Bänder in Blau und Weiß
Festeres Papier für Etiketten

Zubereitung

1 Die Früchte von oben nach unten in einer Breite von etwa ½ cm bis ins Fruchtfleisch einschneiden. Die Schalen abziehen. Das Weiße mit einem Grapefruitlöffel oder einem anderen, passenden Löffel herauskratzen.

2 Die Schalen in einem passenden Topf mit 300 ml Wasser bedecken und mit 300 g Zucker bestreuen. Einmal aufwallen lassen, dann abgedeckt etwa 30 Minuten weich köcheln; zwischendurch den Wasserstand überprüfen.

3 Den restlichen Zucker in eine kleine Schüssel geben. Einen großen Streifen Alufolie zum Trocknen der Zitrusschalen ausbreiten.

4 Die weich gekochten Schalen mit einem Schaumlöffel aus dem Sirup heben, abtropfen lassen, im Zucker wälzen. Vorsicht dabei: Der Zuckersirup ist noch sehr heiß und kann Verbrennungen verursachen. Die Schalen 60 Minuten auf der Alufolie trocknen lassen.

Zum Verpacken

1 Die fertigen Zitrusstäbchen in Gläser stellen, mit Zellophanpapier verschnüren und mit blauen und weißen Bändern verschnüren.

2 Auf Pergamentpapier eine Botschaft an den Empfänger schreiben, z. B. »Sauer macht lustig«. Das Pergamentpapier einrollen und mit Band an einem der Zellophanbeutel befestigen.

sauer macht lustig

Tipp

Die fertig getrockneten Zitrusstreifen schmecken auch fein mit einem Schokoladenüberzug. Folgen Sie dazu der Anleitung zum Temperieren von Schokolade (Seite 23), lassen Sie die Streifen danach eine weitere Stunde trocknen.

Mini-Madeleines

mit feinherbem Zartbitter-Mantel

Zutaten

für 24 Stück

140 g Butter
1 EL Grieß
80 g feinster Zucker
2 Eier
140 g Mehl
½ TL Backpulver
1 unbehandelte Zitrone

Material

zum Verpacken

30 g gehackte
Zartbitterschokolade
Zellophanbeutel
Schüssel in Rot
Bänder, rot kariert
Küchentuch oder
Serviette, rot kariert

Dieses zarte, fein zitronig schmeckende Gebäck backt die Mutter meiner Pariser Freundin, wenn ihre drei Enkelkinder am Nachmittag aus der Schule kommen und bevor es an die Hausaufgaben geht. Kleine Franzosen trinken dazu eine warme Schokolade, Mütter und Omis Tee. An Wochenenden passt auch ein Glas Crémant.

Zubereitung

1 Den Ofen auf 180 °C vorheizen. Die Form mit 1 EL Butter einfetten und mit Grieß ausstreuen. Dann ausschütteln und beiseitestellen.

2 Die restliche Butter mit dem Zucker in einer Küchenmaschine oder mit dem Rührmixer in einer Küchenschüssel schaumig schlagen.

3 Die Eier nacheinander unterrühren und so lange schlagen, bis sich die Masse aufhellt.

4 Das Mehl mit dem Backpulver verrühren und durch ein Sieb einstäuben, dann vorsichtig unterrühren. Den Rest der Zitrone fein reiben und unterrühren.

5 Den Teig in eine Madeleine-Form füllen und etwa 15 Minuten goldgelb bis hellbraun backen. Gleich aus der Form lösen und etwas abkühlen lassen.

Zum Verpacken

1 Die restliche Schokolade in Zellophanpapier wickeln. Die Madeleines in einem Schälchen übereinanderschichten.

2 Die Schokolade mit einem Band an das Schälchen binden. Für den Transport eine Serviette oder ein Küchenhandtuch verwenden.

Marmeladen-Muffins

für gern gesehene Gäste

Zutaten

für etwa 20 Stück

200 g Butter
(Zimmertemperatur)
150 g Zucker
3 Eier
300 g Mehl
1 TL Backpulver
100 ml Crème fraîche
150 g Erdbeermarmelade

Material

zum Verpacken

Muffinförmchen aus
Papier
Farbiges Seidenpapier
Festeres Papier für die
Namensschilder
Bänder in Pink und Blau

Mit Zutaten, die Sie sicherlich vorrätig haben, sind diese Muffins fix gemacht. Backen Sie so viele, wie Gäste erwartet werden, verpacken Sie sie mit Seidenpapier und versehen Sie dieses mit Bändern und Namensschildern – ein echter Hingucker auf jeder Party.

Zubereitung

1 Den Ofen auf 180 °C vorheizen. Muffinbleche bei Bedarf einfetten. Werden Papierförmchen verwendet, 3 Stück ineinanderstellen; dann bleibt die Form erhalten.

2 Die Butter und den Zucker mit dem Rührmixer in einer Schüssel oder in einer Küchenmaschine cremig schlagen. Die Eier nacheinander unterrühren und so lange schlagen, bis sich die Masse aufhellt.

3 Das Mehl mit dem Backpulver verrühren und einsieben. Vorsichtig unterziehen, dann unterrühren. Nicht zu lange und zu heftig schlagen, sonst wird der Teig zäh. Die Crème fraîche mit der Marmelade verrühren und unter den Teig ziehen.

4 Den Teig auf die Förmchen verteilen und etwa 15 Minuten backen.

Zum Verpacken

1 Die fertigen Muffins vor dem Verpacken abkühlen lassen; dann in Seidenpapier einwickeln. Aus festerem Papier Namensschilder (etwa 2 x 3 cm) schneiden, mit einem Locher ein Loch hineinstanzen, dann den Namen des Gastes darauf schreiben.

2 Für Männernamen blaue, für Frauennamen pinke Bänder wählen. Die Namensschilder einbinden, dann die Muffins umwickeln. Sie schmecken am besten frisch, lassen sich aber auch gut vorbereiten, einfrieren und vor der Verwendung etwa 20 Minuten auftauen.

Gefüllte Datteln

mit Schokoladenüberzug

Zutaten

für 12 Stück

200 g Schokolade
12 Datteln (idealerweise
Medjool-Datteln)
12 Walnusshälften
2 EL zerstoßene Walnüsse

Material

zum Verpacken

Mini-Muffinförmchen
Recycelte Schachtel
(z. B. Pralinenkistchen)
Durchpauspapier
Geschenkpapier- oder
Stoffreste
Bänder, braunweiß kariert

🌿 🌿 🌿

Die Qualität der Datteln macht aus diesem wirklich kinderleichten Rezept etwas ganz Besonderes. Verpacken Sie sie als selbst gemachtes Konfekt in umfunktionierte Kästchen.

Zubereitung

1 Die Schokolade hacken und im Wasserbad zerlaufen lassen.

2 Die Datteln entsteinen und mit den Walnusshälften füllen. Auf eine mit Alufolie ausgelegte Arbeitsfläche legen.

3 Die Datteln nacheinander auf die Fonduegabel spießen und über dem Wasserbad mit Schokolade einstreichen. Wieder auf die Alufolie legen und mit Walnüssen bestreuen.

Zum Verpacken

1 Die Datteln erst in die Mini-Muffinförmchen umpacken, wenn die Schokolade vollständig getrocknet ist.

2 Eine passende Schachtel mit Papier oder Stoff auskleiden und die Datteln darin verpacken.

3 Das Kamel von Seite 124 auf Geschenkpapierresten doppelt durchpausen. Anhänger ausschneiden und zusammenkleben. Ein Loch für den Anhänger stanzen.

4 Das Kästchen mit kariertem Band zubinden und die Anhänger am Band befestigen.

Aromatischer Apfelkuchen

mit Ingwermarmelade

Zutaten

für den Kuchenteig

150 g Mehl
125 g Butter
1 EL brauner Zucker
1 Eigelb
1 Msp. Backpulver

Für die Füllung

3 Äpfel (z. B. Cox Orange)
80 g Ingwermarmelade
50 g brauner Zucker
2 EL Butter

Material

zum Verpacken

Papier in Weiß
1 ganze, dekorative
Ingwerknolle
Passende Bänder,
z. B. in Gelbtönen

Fix gemacht ist dieser Apfelkuchen mit einem leicht englischen Einschlag. Sie können natürlich Äpfel nach Wunsch verwenden; die leicht säuerliche Note des Cox Orange harmoniert aber besonders gut mit dem Ingwer.

Zubereitung

1 Die Zutaten für den Teig in der Küchenmaschine oder mit dem Rührmixer zu einem Teig verkneten. Den Teig in Küchenfolie wickeln und im Kühlschrank 1 Stunde ruhen lassen.

2 Den Ofen auf 180 °C vorheizen.

3 Den Teig passend auf eine mittelgroße Springform ausrollen und in die eingefettete Form einpassen.

4 Die Äpfel schälen, halbieren, entkernen und in Schnitzen auf dem Teig anrichten.

5 Die Ingwermarmelade darüberlöffeln, dann den Zucker und die Butter in Flocken darüberstreuen. Den Kuchen 35–40 Minuten backen und in der Form auskühlen lassen.

Zum Verpacken

1 Den Kuchen auf das Papier setzen und mit etwa 10 Zentimeter Überstand ein großes Rund aus Papier ausschneiden.

2 Den Kuchen aus der seitlichen Form lösen, auf das Papier setzen, das Papier hochschlagen und mit Band festbinden.

3 Zum Transport gegebenenfalls auf eine feste Unterlage (Pappe/Teller) stellen.

Mini-Kastenkuchen

mit echtem Safran

Zutaten

für 2 Kuchen

125 g Butter
110 g Zucker
2 Eier
150 ml Schmand
1 Msp. Safranfäden
150 g Mehl
1 TL Backpulver
½ TL Natron

Material

zum Verpacken

2 Pappen in harmonierenden Farben
Dekorativer Flaschenverschluss
Küchenfolie
Band, passend zur Pappe

Dass Safran den Kuchen »gehl« macht, ihn also appetitlich gelb einfärbt, wussten schon unsere Urgroßmütter. Tatsächlich verleiht Safran diesem ganz einfachen Kuchen, an den sich auch Neulinge wagen können, ein unvergleichliches Aroma.

Zubereitung

1 Den Ofen auf 180 °C vorheizen. Die Butter und den Zucker mit dem Rührmixer in einer Schüssel schaumig schlagen. Die Eier nacheinander unterrühren und so lange schlagen, bis die Masse aufhellt.

2 Ein EL Schmand mit den Safranfäden in einem kleinen Töpfchen bei leichter Hitze erwärmen, bis die Safranfäden gelöst sind. Gut verrühren und mit dem restlichen Schmand in den Teig rühren.

3 Das Mehl mit dem Backpulver und dem Natron verrühren, einstäuben und vorsichtig einarbeiten. Den Teig in die Mini-Kastenkuchenformen einfüllen und etwa 50 Minuten goldgelb backen.

Zum Verpacken

1 Schneiden Sie die erste Pappe mit einer Zickzackschere so zu, dass sie den Kuchen unten, rechts und links einrahmt. Schneiden Sie die zweite Pappe etwas kleiner zu und kleben Sie sie mittig auf die erste Pappe, damit ein schöner Rahmen entsteht.

2 Die restlichen Safranfäden in den Flaschenverschluss füllen und mit Küchenfolie umwickeln.

3 Den Kuchen mittig auf die Pappe stellen und mit Bändern verschnüren.

Kerniges Müsli

für einen gesunden Start in den Tag

Zutaten

für etwa 350 g

150 g Haferflocken

50 g Weizenkleie

50 g Buchweizenflocken

50 g Amaranthflocken

2 EL Sonnenblumenkerne

2 EL Mandelsplitter

2 EL getrocknete
Cranberries

Haferflocken bilden die Grundlage für dieses Müsli, das Sie, ganz nach persönlicher Vorliebe, noch mit frischem Obst – Bananen oder Orangen passen gut – ergänzen können. Wenn Sie zu den Menschen gehören, die Laktose nicht vertragen, probieren Sie mal Kokoswasser dazu.

Zubereitung

1 Alle Zutaten in einer Küchenschüssel mischen.

Zum Verpacken

1 Das fertig gemixte Müsli in den Zellophanbeutel füllen.

Material

zum Verpacken

Zellophanbeutel

Braune Papiertüte

Aufkleber

Bänder in rosa

2 Einen schönen Aufkleber »*My Muesli für …* « mit hellgrüner Schrift gestalten und mit gelber Schrift verzieren. Auf der Mitte des braunen Beutels aufbringen.

3 Den Zellophanbeutel in den braunen Beutel stecken. Alternativ können Sie auch eine Tüte selbst basteln (Seite 12). Die Papiertüte oben zweimal umknicken, dann mit einem Locher vier Löcher durch den Knick stanzen.

4 Die Bänder durch die Löcher ziehen und verknoten.

Erdbeer-Whiskey-Marmelade

Der Klassiker mal anders

Zutaten

für 3–4 Gläser

1 kg Erdbeeren
(das Rezept funktioniert
auch mit Mirabellen,
Pflaumen, Brombeeren)
350 g Gelierzucker (1 : 3)
1 EL Butter
1 Schnapsglas Whiskey

Material

zum Verpacken

4 mittelgroße
Einmachgläser
Stoffreste für die Deckel
Bänder oder Klebstoff
(für die Stoffdeckel)
Aufkleber

Erdbeermarmelade ist unter den Küchen-Geschenken wohl der Klassiker schlechthin – doch nicht zu Unrecht! Sie ist leicht zu machen und einfach köstlich. Wer kann da schon wiederstehen?

Zubereitung

1 Die Erdbeeren sorgfältig verlesen, waschen und in einem mittelgroßen Topf einmal aufwallen lassen, dann abgedeckt etwa 10 Minuten köcheln, bis sie gar sind.

2 Den Gelierzucker, die Butter und den Alkohol unterrühren, einmal aufwallen lassen, dann köcheln lassen, bis die Marmelade geliert.

3 Die Marmelade noch heiß bis zum Rand in die Gläser abfüllen, diese fest verschrauben und 10 Minuten auf den Kopf stellen, dann wenden. Auf das »Knack« warten.

4 Die Gläser nach dem Abkühlen in der Tiefkühltruhe aufbewahren und erst kurz vor dem Verschenken auf Zimmertemperatur bringen.

Zum Verpacken

1 Aus Stoffresten Deckel mit etwa 2 cm Überstand zuschneiden. Die Deckel mit Sprühkleber einsprühen. Dann die Stoffreste auf den Deckeln festdrücken.

2 Die Aufkleber mit schwarzem Stift beschriften: Die Art der Marmelade und das Herstellungsdatum sind wichtig. Mit rotem Stift Erdbeeren als Zierbordüre aufmalen. Die Aufkleber oben auf den Gläsern festdrücken.

Herzhaftes aus der Landküche

Wenn Sie nicht das Glück hatten, zu Füßen einer Omi in der Küche die Welt und das Essen zu entdecken – bislang kenne ich nur Sterneköche, denen das widerfahren ist –, dann haben Sie vielleicht so wie ich einen zugegebenermaßen etwas romantisch eingefärbten Blick für alles, was ländlich ist.

Herzhafte Mini-Muffins
in Flohmarktfunden

Zutaten
für etwa 20 Muffins
200 g Mehl
100 g Maismehl
1 kleine Dose Mais
2 Eier
3 EL Pflanzenöl + Öl zum Einfetten
80 g Zucker
250 ml Buttermilch

Material
zum Verpacken
Muffinförmchen aus Papier
Verschiedene Mokka- und Teetassen
Organzaband in Blau

Mini-Muffins lassen sich wunderbar in alten Mokka- oder Teetassen verpacken. Sie müssen nicht perfekt sein. Ein Mustermix wirkt ansprechend und freundlich, solange Größe oder Farbe harmonieren.

Zubereitung

1 Den Ofen auf 180 °C vorheizen.

2 Die Mehle in einer Schüssel verrühren. Den Dosenmais abgießen, abtropfen lassen, kalt durchspülen, zerdrücken, dann unterrühren.

3 Die restlichen Zutaten dazugeben und zu einem Teig verrühren.

4 Eine Mini-Muffinbackform einölen. Alternativ drei Papierförmchen ineinanderstellen (damit sie ihre Form halten). Den Teig einfüllen, die Muffins 15–20 Minuten backen, bis sie gar sind.

Zum Verpacken

1 Wenn Sie Papierförmchen verwendet haben: Lösen Sie die äußeren Papiere vorsichtig. Wenn Sie mit einer Backform gearbeitet haben: Lösen Sie die Muffins aus der Form und lassen Sie sie kurz abkühlen.

2 Verpacken Sie sie dann in den Tassen – entweder einzeln in kleinen oder zu mehreren in großen –, die Sie mit Bändern mit den Untertassen verschnüren können.

Rillettes mit Cornichons

und eingelegten Perlzwiebeln

Zutaten

für etwa 700 ml Rillettes

Für die Rillettes

200 ml Gänse-/Entenfett
250 g Fleischreste
250 g Hähnchenfleisch
1 Zwiebel
5 Stängel Petersilie
1 Lorbeerblatt
1 Msp. Muskatnuss
Salz und schwarzer Pfeffer

Für die Perlzwiebeln

250 g Perlzwiebeln
Salz und schwarzer Pfeffer
1 Msp. Zucker
1 EL Senfsamen
200 ml Weißweinessig

Material

zum Verpacken

1 Glas Cornichons
4 Schraubgläser
Dill und getrocknete Chilis
Etiketten

Rillettes ist eine französische Version des edlen Resteessens, mit einer groben Pâté vergleichbar. Traditionell werden die Reste einer Festtagsgans oder -ente zu Rillettes verarbeitet, aber auch mit Schweinefleisch klappt das.

Zubereitung

1 Das Fett in einer größeren Pfanne zerlassen. Die Fleischreste und das frische Fleisch fein schneiden. Die Zwiebel abziehen und fein hacken.

2 Die Zutaten im warmen Fett abgedeckt 10 Minuten schmoren, dann ohne Deckel bei leichter Hitze weiterköcheln lassen.

3 Die Petersilie kalt abbrausen, die Blättchen trocken tupfen, fein hacken und mit dem Lorbeerblatt und der Muskatnuss beziehungsweise Mazis unterrühren. Weiter garen, bis das Fleisch weich ist und das Fett aufgenommen hat. Pikant würzen und beiseitestellen.

4 Die Perlzwiebeln abziehen, mit den restlichen Zutaten und 200 ml heißem Wasser in einem Topf einmal aufwallen lassen, dann einige Minuten köcheln lassen, bis die Zwiebeln weich sind.

Zum Verpacken

1 Die gekauften Cornichons auf zwei Schraubgläser verteilen. Den kalt abgebrausten Dill mit den getrockneten Chilis an den Glasrand schieben und befestigen. Die Perlzwiebeln mit etwas Sud bedecken.

2 Die Rillettes auf die anderen Gläser verteilen. Alle Gläser sehr gut verschließen.

3 Gläser beschriften, Etiketten an die Seiten oder auf die Deckel kleben.

RILLETTES

Kletzenbrot
mit Nussfüllung

Zutaten
für 3 kleine Brote (etwa 1,2 kg)

Für den Brotteig
400 g Mehl (½ Roggen-, ½ Weizenmehl)
Salz
1 TL Frischhefe
1 EL Sauerteig

Für die Füllung
100 g getrocknete Birnen
150 g getrocknete Feigen
300 g Rosinen
150 g Nüsse
1 Schuss Schnaps/Rum
½ TL Nelkenpulver
½ TL Pimentpulver
1 Msp. Anis oder Zimt

Material
zum Verpacken
Kleiner Korb
Serviette oder Küchentuch
Leinenband

Kletzen (niederbayerisch: Hutzeln) heißen in Bayern die getrockneten Birnen. Sie bekommen sie unter anderem auf dem Wochenmarkt. Rechnen Sie eine gute Woche Ruhezeit für dieses Geschenk.

Zubereitung

1 Das Mehl in eine große Schüssel geben. In der Mitte eine Vertiefung bilden und in diese die Hefe mit dem Sauerteig und 3 EL warmem Wasser füllen. Mit 2 EL Mehl anrühren und abgedeckt 1 Stunde gehen lassen. Mit dem restlichen Mehl verrühren, mit 200 ml warmem Wasser zu einem Teig verkneten, 1 Stunde gehen lassen, dann gut verkneten.

2 In der Zeit die Trockenfrüchte in einer Schüssel mit warmem Wasser bedecken und weich werden lassen. Werden ganze Kletzen verwendet, dann müssen sie in einem Topf einmal aufgekocht werden und etwa 15 Minuten köcheln, bevor sie weich sind.

3 Die Trockenfrüchte aus dem Sud heben, mit 150 g Nüssen mischen und ganz fein hacken. Trockenfrüchte und Nüsse in eine Schüssel geben, den Schnaps und die Gewürze einrühren. Ein Drittel des Brotteigs unter die Masse mengen und kneten, bis sich ein Teig ergibt. Den Ofen auf 200 °C vorheizen. Den restlichen Brotteig auf einer bemehlten Arbeitsfläche zu drei Runden ausrollen. Die Kletzenfüllung auf den Laiben verteilen und diese dann zu Broten formen. Ein Backblech mit Backpapier auskleiden. Die Nüsse als Dekoration auf die Oberfläche der Brote drücken und mit kaltem Wasser bestreichen, dann etwa 70 Minuten goldbraun backen.

Zum Verpacken

1 Ein Körbchen mit einer farbigen Serviette oder einem schönen Küchentuch auslegen. Das Kletzenbrot hineinlegen und verschnüren.

Walnussbrot
im Blumentopf

Zutaten
für 2 kleine Brote
250 g Vollkornmehl
250 g backstarkes Weizen-
mehl (Type 550)
2 EL Salz
1 Pck. Trockenhefe
1 EL Honig
50 ml Walnussöl
100 g Walnusskerne, grob
gehackt
1 EL Reismehl

Material
zum Verpacken
2 kleine, neue
Blumentöpfe (ca. 250 ml)
Pergamentpapier in Weiß
Bänder in rot und blau
kariert
Holzmesser

Für dieses Rezept können Sie einfache, kleine Blumentöpfe aus dem Baumarkt verwenden. Wichtig ist, sie mit Backpapier auszukleiden, denn der Teig klebt sonst fest. Dann lassen sich die Brote nicht mehr herauslösen.

Zubereitung

1 Die Mehle mit dem Salz in einer großen Schüssel vermengen. Die Hefe und den Honig in 250 ml lauwarmem Wasser lösen; wenn sich an der Oberfläche Schaum bildet und das Wasser einen säuerlichen Geruch annimmt, ist die Hefe aktiviert.

2 Die Hefe mit einer Gabel unter das Mehl ziehen, dann das Walnussöl angießen. Mit einer Gabel durchrühren, dann mit den Händen zu einem Ball formen und kneten, bis der Teig elastisch wird. Teig in die Schüssel geben, mit Küchenfolie abdecken und an einem warmen, nicht zugigen Ort 1 Stunde auf das Doppelte gehen lassen.

3 Den Ofen auf 180 °C vorheizen. Den Teig ein weiteres Mal kneten und nun die Walnusskerne einarbeiten. Zwei Blumentöpfe mit Backpapier auskleiden. Den Teig in die Blumentöpfe geben und oben ein Kreuz einschneiden. Das Reismehl mit 1 EL Wasser verquirlen und den Teig damit bestreichen; so gibt es eine schöne Kruste.

4 Die Brote etwa 40 Minuten backen, dann den Gartest machen: Nehmen Sie den Laib aus dem Blumentopf und klopfen Sie auf die Unterseite. Wenn es hohl klingt, ist das Brot durchgebacken.

Zum Verpacken

1 Nach dem Abkühlen das Backpapier durch weißes Pergamentpapier ersetzen. Die Brote wieder in die Töpfe geben und mit karierten Bändern dekorieren. Ein Holzmesser dazu sieht besonders nett aus.

Knuspriges Buttermilchbrot

als gesunder Gruß aus Irland

Zutaten

für 1 mittelgroßes Brot

250 g Mehl
1 EL Zucker
1 EL Salz
½ EL Natron
50 g feine Haferflocken
200 ml Buttermilch
1 EL Reismehl

Material

zum Verpacken

Schönes, altmodisches
Küchentuch (z. B. aus
Irischem Leinen)
Rührlöffel aus Holz oder
Holzstab
Nach Belieben:
z. B. 1 Glas Rillettes
(Rezept Seite 42)

Dieses Brot ist absolut anfängertauglich und kann auch von und gemeinsam mit Kindern gebacken werden. Es bleibt relativ flach und muss gar nicht lange geknetet werden oder gehen. Es schmeckt herzhaft und passt gut zu Käse.

Zubereitung

1 Den Ofen auf 230 °C vorheizen. Alle Zutaten, bis auf das Reismehl, in eine Schüssel füllen und mit einem Holzlöffel sorgfältig umrühren. Der Teig wird recht feucht.

2 Den Teig zu einer Kugel formen, mit einem scharfen Messer ein tiefes Kreuz in die Oberfläche schneiden. Ein Backblech mit Backpapier auslegen. Das Reismehl mit 1 EL warmen Wasser verrühren und die Brotoberfläche damit bestreichen.

3 Das Brot 20 Minuten backen, dann Hitze auf 180 °C reduzieren. Abschließend den Backtest machen: Wenn man mit den Fingerknöcheln auf die Unterseite des Brots klopft, muss es hohl klingen.

Zum Verpacken

1 Das fertig gebackene Brot vor dem Verpacken etwas abkühlen lassen.

2 Das Brot in ein altmodisches Küchentuch knoten und einen Holzlöffel oder Holzgriff als Halter verwenden.

3 Falls verwendet, auch die Rillettes – oder einen anderen, leckeren Brotaufstrich – in diese Trage packen.

Focaccia

knusprig all' italiana

Zutaten

**für 1 großes Brot
(etwa 12 Portionen)**

1 Pck. Trockenhefe
1 EL flüssiger Honig
120 ml Olivenöl
2 EL Steakpfeffer oder
grob geschroteter,
schwarzer Pfeffer
1 TL Salz
650 g Weizenmehl
2 Stängel frischer
Rosmarin
3 Stängel frischer Thymian

Material

zum Verpacken

Helle Leinenbänder zum
Verschnüren
Pappe

Ein ideales Geschenk für eine große Party ist dieses Brot, das Sie ganz einfach backen können und vorher überhaupt nicht groß durchkneten müssen. Olivenöl im Teig gibt ihm das italienische Flair.

Zubereitung

1 500 ml warmes Wasser in eine große Schüssel geben. Die Hefe und den Honig unterrühren, 15 Minuten stehen lassen, bis die Hefe aktiv ist und schäumt. Inzwischen ein Backblech nach Packungsangabe sorgfältig mit Backspray reinigen, Reste gut abspülen, das Blech trocknen.

2 4 EL Olivenöl, Pfeffer und Salz unterrühren. 150 g Mehl einstäuben und mit einem Holzlöffel einrühren. Dann das restliche Mehl einrühren, bis sich ein Teig bildet, der zusammenhält

3 Die Schüssel mit Küchenfolie und mit einem Küchentuch abdecken und an einem warmen Ort 60 Minuten auf das Doppelte gehen lassen. Den Ofen auf 230 °C vorheizen.

4 Ein Backblech mit dem restlichen Öl bestreichen. Die Kräuterstängel kalt abbrausen, trockenschütteln, die Kräuter abrebeln. Den Teig auf dem Blech verteilen, mit einem Messer bis kurz vor den Boden in Portionsstücke durchschneiden und mit Kräutern bestreuen. Das Brot 30 Minuten goldbraun durchbacken.

Zum Verpacken

1 Das Brot etwas abkühlen lassen und in 12 Portionsstücke brechen. Je etwa 4 Portionsstücke übereinanderstapeln. Aus Pappe einen Untersetzer zuschneiden, die Focaccia darauf setzen und mit breitem Leinenband zu einem Päckchen verschnüren.

Knoblauchbrot

mit würzigem Öl-Dip

Zutaten

für 1 Brot

Salz und frisch gemörserter
Pfeffer
1 TK-Baguette
(unaufgetaut)
200 ml Olivenöl
4 Knoblauchzehen

Material

zum Verpacken

1 kleine, schöne Flasche
1 Teebeutel
Geschenkpapier
Gepresste oder im Ganzen
getrocknete Kräuter
Geschenkband

Wenn Sie dieses Geschenk nett verpacken, freut sich jeder Gastgeber darüber: Knoblauchbrot ist auf Partys immer ein Renner. Für Sie ist dieses Geschenk ideal, wenn Sie ganz kurzfristig eingeladen wurden oder sich den Partytermin nicht notiert haben. Ein echter SOS-Tipp.

Zubereitung

1 Salz und den Pfeffer in ein kleines Schraubglas oder in einen Teebeutel und Öl in die Flasche füllen.

2 Die restlichen Zutaten parat stellen und die fertig gebastelte Tüte damit befüllen. Das Baguette soll ein bisschen herausragen.

Zum Verpacken

1 Schneiden Sie einen Bogen Geschenkpapier auf etwas mehr als doppelte Breite und nicht ganz die Länge des Brotes zu und packen Sie es so ein, dass ein Stück des Brotes oben herausschaut.

2 Eine Seite der Tasche mit Prittstift oder Uhu einstreichen und darauf gepresste oder getrocknete Kräuter festkleben.

3 Auf einer Seite oben mit einer Ösenzange ein Loch knipsen, nun die Mitbringsel einfüllen, durch das Loch ein Band ziehen und es verknoten.

Joghurtkäse
mit frischen Kräutern

Zutaten
für etwa 300 ml
500 ml türkischer oder
griechischer Joghurt
(Fettgehalt 15 %)
½ TL Meersalz

Material
zum Verpacken
Schönes Tongefäß
1 Bund frische, blühende
Kräuter (z. B. Schnittlauch)
Stoffrest in Grünweiß
Bänder in Weiß
Holzbrettchen

Käse selbst machen ist ganz einfach, wie Sie gleich sehen werden. Sie brauchen nur ein Sieb, ein Küchentuch, Joghurt – und natürlich ein bisschen Zeit. Aber Sie haben kaum Arbeit damit, denn der Joghurt wird von selbst zu Käse.

Zubereitung

1 Ein großes Sieb über eine passende Schüssel hängen und mit einem sauberen Küchentuch ausschlagen.

2 Den Joghurt in das Tuch füllen und mit den Zipfeln des Küchentuchs bedecken.

3 Die Molke aus dem Joghurt etwa 5 Stunden oder über Nacht abtropfen lassen. Die Masse im Küchenhandtuch ist nun cremig. Das Küchentuch können Sie hinterher ganz normal bei 60 °C waschen.

4 Das Salz unter die cremige Masse rühren, die Masse mit einem Spatel herauskratzen und in eine Frischhaltebox umfüllen. Mindestens 2 Stunden, idealerweise über Nacht durchkühlen lassen, bis der Käse ganz cremig ist.

Zum Verpacken

1 Den Käse in ein passendes Tongefäß umfüllen.

2 Die Kräuter waschen, trockenschütteln und in einen Stoffrest wickeln, sodass nur noch die Spitzen zu sehen sind. Zubinden.

3 Den Käse mit Kräutern bestreuen und mit den verpackten Kräutern auf einem Brettchen verschenken.

Kräuterkäse

mit Radieschen und Salz

Zutaten

für etwa 350 g

300 g Frischkäse
(z. B. ½ Ziegen- und ½
herkömmlicher Frischkäse)
1 kleines Bund glatte
Petersilie
½ Bund Schnittlauch
1 kleine Knoblauchzehe
Salz und schwarzer Pfeffer
(gemahlen)

Material

zum Verpacken

Schuhkarton oder ähnlich
große Pappkiste
Frisches Küchenhandtuch
Butterbrotpapier
1 TL Salz zum Anrichten
1 Bund Radieschen mit
frischem Grün
Schüssel für den Käse

Das sieht nicht nur lecker aus, sondern ist auch gesund … frisches Grün von Kräutern, der appetitliche Cremeton des Frischkäses, kombiniert mit dem Knallrot der Radieschen! Achten Sie beim Kauf auf helles Grün und kaufen Sie keine Radieschen mit vertrockneten oder verwelkten Blättern.

Zubereitung

1 Den Frischkäse in eine Schüssel geben und mit einer Gabel sorgfältig durchrühren. Die Radieschen mit ½ Zentimeter Grün von den Blätter trennen, waschen und bis zum Anrichten in einer Frischhaltetüte im Kühlschrank aufbewahren – dann bleiben sie knackig.

2 Die Radieschenblätter und die Kräuter waschen, trockenschütteln und in feine Streifen beziehungsweise Röllchen schneiden. Die Knoblauchzehe abziehen und ganz fein hacken.

3 Kräuter und Knoblauch unter den Käse rühren, mit Salz und Pfeffer würzen.

Zum Verpacken

1 Ein passendes Kistchen (z. B. Schuhkarton, der am oberen Rand etwas gestutzt wird) mit einem frischen Geschirrtuch ausschlagen.

2 Aus Butterbrotpapier ein kleines Tütchen basteln und das Salz zum Stippen für die Radieschen hineinfüllen. Daneben die ganzen Radieschen anrichten.

3 Den Frischkäse in eine Schüssel füllen und dazustellen.

Marinierter Harzer Käse

mit frischem Schnittlauch

Zutaten

für etwa 250 ml

200 g Harzer Käse
3 EL Kürbiskernöl
Salz und schwarzer Pfeffer
(gemahlen)
1 Bund Schnittlauch

Material

zum Verpacken

Schönes, altes Gefäß
Frischhaltefolie
Packpapier
Geschenkband
Schnittlauch zum
Dekorieren

Früher hielten sich die Harzer Bergleute für schlechte Zeiten eine Kuh, die klassischen Roten Harzer. Aus deren Milch machte jede Hausfrau Harzer Käse für den Familiengebrauch und zum Verkauf. Heute entsteht Harzer Käse größtenteils in einer riesigen Käsefabrik, weit weg vom Harz, und gibt es kaum noch kleine Käser. Genau der richtige Zeitpunkt also, um dem klassischen Harzer Käse zu neuem Ansehen zu verhelfen!

Zubereitung

1 Den Harzer Käse in feine Streifen schneiden und in Schichten in das Gefäß einlegen.

2 Die Schichten mit Kürbiskernöl beträufeln, leicht salzen und pfeffern.

3 Den Schnittlauch kalt abbrausen, trockenschütteln, in Röllchen schneiden und darüberstreuen.

Zum Verpacken

1 Um den intensiven Geruch des Harzer Käses in Zaum zu halten, empfiehlt es sich, das Glas mit Frischhaltefolie zu verschließen. Diese können Sie mit einem passend zugeschnittenen Stück Packpapier überdecken.

2 Fixieren Sie den selbst gemachten »Deckel« mit buntem Geschenkband. Das Schnittlauchbund mit einem Stück Band verschnüren und ebenfalls auf das Geschenk binden.

Tomatenchutney

mit fein-süßer Schärfe

Dieses Chutney aus der indischen Küche ist eine aromatische Ergänzung zu Käse, schmeckt als Aufstrich auf Fladenbrot und als Beilage zu Reis.

Zubereitung

1 Die Tomaten waschen und hacken. Die Aprikosen in ganz feine Würfel schneiden. Die Ingwerwurzel schälen und ganz fein schneiden oder reiben. Die Knoblauchzehe abziehen und fein hacken. Die Chilischote waschen und fein hacken; die Samen nicht verwenden – außer Sie mögen es heiß.

2 Das Pflanzenöl in einem mittelgroßen Topf erhitzen. Das Kreuzkümmelpulver einstäuben und einige Sekunden darin erwärmen, bis sich sein Aroma entfaltet.

3 Ingwer und Knoblauch unterrühren und bei mittlerer Hitze garen, bis sie weich sind.

4 Die Tomaten, die Aprikosenstückchen und die Chilischote unterrühren, einmal aufwallen lassen, dann abgedeckt 20 Minuten köcheln lassen, bis das Chutney sämig ist. Dann salzen.

Zum Verpacken

1 Das Chutney in das Gefäß füllen, verschließen und etwas abkühlen lassen.

2 Die Chilischoten mit dem Band am Glas befestigen.

3 Ein Herz (Seite 124) aus Papier ausschneiden und darauf den Namen des Rezepts und den Namen des Empfängers schreiben.

fein scharfes Tomaten Chutney

Getrocknete Tomaten
in Weißwein eingelegt

Zutaten
für etwa 200 g

100 g getrocknete
Tomaten
2 kleine Knoblauchzehen
1 getrocknete Chilischote
1 Glas Weißwein
2 EL Olivenöl

Auf jedem italienischen Sommermarkt gibt es sie zu kaufen und auch bei vielen türkischen Gemüsehändlern nördlich der Alpen: getrocknete Tomaten. Wenn es Ihnen an beidem mangelt – gehen Sie einfach ins Reformhaus.

Zubereitung

1 Die Tomaten in einem Topf mit kaltem Wasser bedecken, einmal aufwallen lassen, dann 10–12 Minuten bei leichter Hitze köcheln lassen, bis die Tomaten weich sind.

2 Die Knoblauchzehe schälen, die Chilischote längs halbieren.

Material
zum Verpacken

Schraubgläser (400 ml)
Bindfaden
Stoffreste in Weiß
Zahnstocher
Karierte Bänder
Klebstoff

3 Die Tomaten abtropfen lassen, dabei etwa 2 EL Kochwasser zurückbehalten.

4 Die Tomaten mit der Knoblauchzehe und der Chilischote in die Gläser füllen, die Kochflüssigkeit mit dem Weißwein und dem Olivenöl verquirlen und angießen. Die Gläser bis zum Verschenken kühlen; die Tomaten halten 2–3 Wochen.

Zum Verpacken

1 Die Gläser mit Bindfaden und weißen Stoffresten dekorieren.

2 Aus karierten Bändern kleine Wimpel zuschneiden, diese auf einer Seite mit Klebstoff bestreichen, in die Mitte einen Zahnstocher stecken und die Bänderreste dann fest zusammendrücken.

Tipp

Wachteleier sind besonders dekorativ. Sie brauchen drei Minuten reine Kochzeit, werden abgeschreckt, dann gerollt und benötigen weitere 10 Minuten Ziehzeit in der Marinade. Verwenden Sie für die genannte Menge Marinade etwa 10 Wachteleier.

Marmorierte Teeeier
im Kressebett

Zutaten
für 5 Eier

5 Eier
2 EL schwarzer Tee
2 EL Sojasauce
1 EL Zucker
1 Sternanis
Salz

Material
zum Verpacken

1 Kistchen Gartenkresse
1 Schälchen für das
Kressebett
1 Sojasaucenschälchen
Kordel oder Bindfaden

Eine ausgediente Teedose oder eine kleine altmodische Schale, in der sich ein Bett aus schlichter Küchenkresse besonders gut macht, und schon haben Sie die Basis für ein wirklich einmaliges Geschenk.

Zubereitung

1 Die Eier anpiksen und in kochendem Wasser 8 Minuten kochen. Dann aus dem Wasser heben (Wasser nicht abgießen).

2 Den Tee mit der Sojasauce, dem Zucker und den Sternanis in das kochende Eierwasser geben und einmal aufwallen lassen, dann einige Minuten köcheln, bis der Zucker gelöst ist.

3 Die Eier auf einer glatten Oberfläche vorsichtig hin und her rollen, bis die Schalen brüchig sind. Die Eier dann wieder in das Wasser geben. Alles vorsichtig durchrühren. Die Eier im Kochtopf vom Herd ziehen und 15 Minuten in der Marinade ziehen lassen; zwischendurch hin und her rollen, damit sie gleichmäßig eingefärbt werden.

4 Die Eier abschrecken, etwas abkühlen lassen, dann pellen.

Zum Verpacken

1 Die Gartenkresse im Kistchen kalt abbrausen und trockenschütteln.

2 Die Kresse aus dem Kistchen nehmen und in ein Schälchen einpassen. Etwas auseinanderdrücken, dann Eier dazwischen in die Kresse setzen und etwas festdrücken. Mit etwas Kordel festbinden.

3 Die restlichen Eier in das Sojasaucenschälchen legen und noch etwas Sud angießen.

Kinderleichtes Käsekonfekt

mit Greyerzer und Parmesan

Zutaten

für etwa 200 g
(etwa 30 Stück)
100 g zimmerweiche
Butter
100 g Mehl
50 g Greyerzer Käse,
gerieben
50 g Parmesan, gerieben

Material

zum Verpacken
Kleines, schönes Gefäß
Kordel
Festeres, buntes Papier
Zellophanbeutel

Diese Käsekekse können Sie nach Belieben geschmacklich variieren – mit einem Hauch Rosenpaprika, mit Kümmel oder mit ganz behutsam dosiertem Knoblauch. Sie sind ganz schnell gebacken und sehen besonders dekorativ aus, wenn sie mit einem Teigrad ausgeschnitten werden.

Zubereitung

1 Alle Zutaten in einer großen Schüssel verrühren, bis ein (relativ klebriger) Teig entsteht.

2 Den Teig in Küchenfolie wickeln und mindestens 30 Minuten durchkühlen.

3 Den Ofen auf 180 °C vorheizen.

4 Den Teig auf eine bemehlte Oberfläche legen, mit Küchenfolie bedecken und dünn ausrollen. Dann mit einem Teigrad in längliche Streifen schneiden.

5 Die Streifen auf Backpapier legen und etwa 10 Minuten backen, bis sie Farbe annehmen und fest werden.

Zum Verpacken

1 Einige Käsekekse in einer schönen kleinen Schale anrichten und mit Kordel dekorieren.

2 Aus festerem Papier einen Streifen von etwa 5 x 20 cm schneiden, an den oberen Enden lochen.

3 Die restlichen Kekse nebeneinander in einen Zellophanbeutel schichten, diesen mittig auf den Papierstreifen legen, dann die Seiten hochklappen. Die Enden mit Kordel zu einer Kekstrage zubinden.

Walnusspesto
im Butterfass

Zutaten
für etwa 500 ml

8 getrocknete Tomaten
100 g Walnüsse
1 dickes Bund Basilikum
1 Msp. Chiliflocken
1 Knoblauchzehe
80 g Parmesan
3 EL Olivenöl
Salz und schwarzer Pfeffer
(gemahlen)

Flohmärkte sind schöne Jagdgründe für alte Behältnisse, beispielsweise Butterfässchen. Wenn Sie kein solches finden, ist ein dickwandiges Glas auch sehr dekorativ. Damit das Pesto nicht verdirbt, sollte es luftdicht zu schließen sein.

Zubereitung

1 Die Tomaten waschen, zerdrücken und über einem Sieb abtropfen lassen.

2 Die Walnüsse grob zerdrücken, das Basilikum kalt abbrausen, trockenschütteln und die Blättchen abzupfen.

3 Alle Zutaten, bis auf 1 EL Olivenöl, mit einem Pürierstab oder Mörser zerkleinern und pikant würzen.

Material
zum Verpacken

Altes Butterfässchen oder
dickwandiges Glas mit
Deckel
Holzlöffel
Geschenkband

Zum Verpacken

1 Das fertige Pesto in das Gefäß einfüllen und mit dem restlichen Olivenöl versiegeln.

2 Einen schönen Holzlöffel mit dem Gefäß verschnüren.

Pesto mit
Walnüssen

Pesto-Turm

mit drei Geschmacksrichtungen (Rezept bis Seite 75)

(Rezept bis Seite 75)

Zutaten

**für das Koriandergrün-
Mandel-Pesto (200 ml)**

3 Bund Koriandergrün
3 EL Mandeln
½ Knoblauchzehe
½ ungespritzte Limette
(Bioladen oder
Reformhaus)
3 EL Olivenöl
Salz

**Für das Petersilie-
Walnuss-Pesto (200 ml)**

1 dickes Bund glatte
Petersilie
80 g Walnusskerne
100 g alter Gouda
¼ altes Brötchen
(etwa 2 EL)
½ Zitrone
4 EL aromatisches Rapsöl
1 Msp. Schärfe (z. B.
Cayenne-Pulver)
Salz

Hier vereinen sich das klassische Basilikum-Pesto mit Pinienkernen mit einem Petersilie-Walnuss-Pesto und einem Koriandergrün-Mandel-Pesto. Alle Pesti eignen sich zum Dippen, aber sie passen auch gut als Aromat an eine Salatsauce oder zur Pasta.

Zubereitung des Koriandergrün-Mandel-Pestos

1 Das Koriandergrün kalt abbrausen, trockenschütteln, die Blättchen abzupfen und fein zupfen (nicht hacken, sonst verfärben sie sich).

2 Die Mandeln mit einem scharfen Messer fein hacken. Die Knoblauchzehe abziehen und ebenfalls fein hacken.

3 Die Schale der Limette fein reiben (den Saft kann man einfrieren).

4 Alles mit dem Olivenöl verrühren und nach Belieben salzen.

Zubereitung des Petersilie-Walnuss-Pestos

1 Die Petersilie kalt abbrausen, trockenschütteln, die Stängel entfernen, den Rest fein hacken.

2 Die Walnusskerne zerkleinern, den Käse und das Brötchen fein reiben. Die Zitrone pressen.

3 Alle Zutaten mit dem Rührmixer oder dem Pürierstab fein pürieren, mit Schärfe und Salz abschmecken.

Zutaten

für das Basilikum-Pesto
(200 ml)
100 g Basilikum
1 Knoblauchzehe
100 g Parmesan
60 g Pinienkerne
3 EL Olivenöl
Salz

Zubereitung des Basilikum-Pestos

1 Die Basilikumblätter säubern, nur im Notfall waschen (sie verfärben sich dunkel). Die Knoblauchzehe abziehen und fein hacken, den Parmesan reiben.

2 Alle Zutaten mit dem Mixer oder mit dem Pürierstab zerkleinern. Die Pinienkerne zugeben und zerkleinern.

3 Währenddessen 3 EL Olivenöl langsam angießen und unterrühren. Anschließend nach Belieben salzen.

Material

zum Verpacken
3 Einmachgläschen
Bänder in Rot, Grün
und Weiß
1 Löffel in Weiß
6 besonders schöne
Basilikum-, Koriander- und
Petersiliestängel

Zum Verpacken

1 Die unterschiedlichen Pestos in die Gläser füllen. Mit etwas Öl »versiegeln«; das hält den Sauerstoff ab und schützt vor Verfärbung

2 Die Gläser übereinanderstapeln und mit karierten Bändern verschnüren.

3 Die Kräuterstängel und einen schönen Löffel dazubinden.

Süß-pikantes Relish

mit getrockneten Feigen, Rosinen und Nüssen

Zutaten
für etwa 400 ml
200 g getrocknete Feigen
5 Gewürznelken
5 Pimentkörner
1 Schuss Balsamico-Essig
100 g Rosinen
100 g Walnüsse
Salz und schwarzer Pfeffer
(gemahlen)

Material
zum Verpacken
Kleine Auslaufform
Holzbrett
Holzlöffel
Band in Grün

Dieses Relish passt sehr gut zu Käsen aller Art. Verschenken Sie es, in eine kleine Auflaufform verpackt, mit einem schönen Holzbrett.

Zubereitung

1 Die getrockneten Feigen fein hacken und in einem kleinen Topf 2 Stunden in warmem Wasser einweichen.

2 Mit den Gewürznelken und den Pimentkörnern in einem kleinen Topf aufsetzen, mit heißem Wasser bedecken, einmal aufwallen lassen, dann vom Herd ziehen.

3 Den Balsamico-Essig und die Rosinen unterrühren und ziehen lassen. Die Walnüsse zerkleinern und portionsweise mit einem Pürierstab oder im Mörser zu einer relativ glatten Paste verarbeiten und dazugeben. Würzen und kühl stellen.

Zum Verpacken

1 Füllen Sie das Relish in die Auflaufform.

2 Stellen Sie die Auflaufform auf ein schönes Holzbrettchen, legen Sie einen Holzlöffel dazu und verschnüren Sie alles.

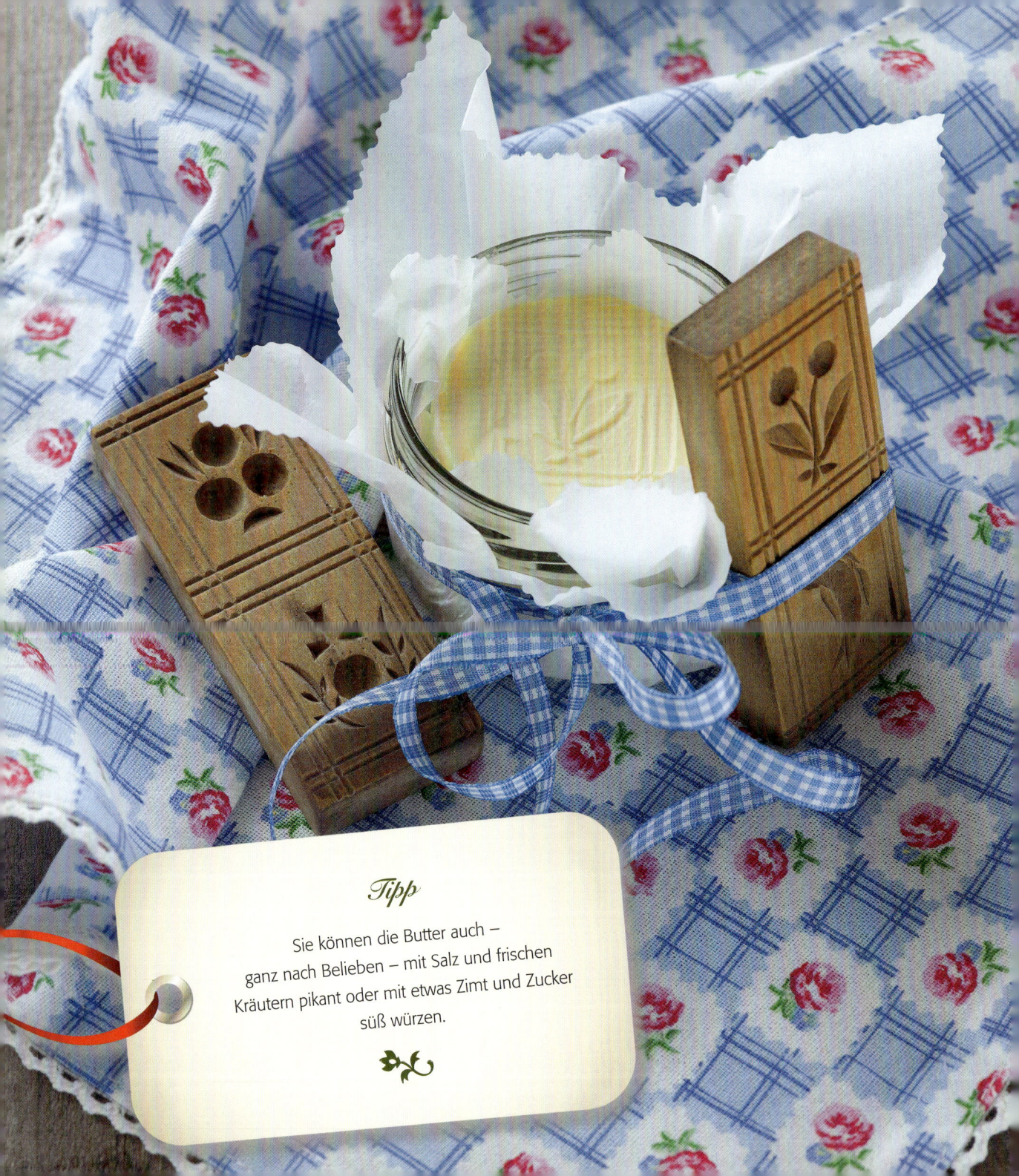

Tipp

Sie können die Butter auch –
ganz nach Belieben – mit Salz und frischen
Kräutern pikant oder mit etwas Zimt und Zucker
süß würzen.

Geprägte Butter

mit echten Modeln

Zutaten
für 1 Geschenk
250 g Butter

Schöne alte Modeln zum Verzieren von Butter finden Sie auf dem Flohmarkt oder auch bei eBay. Damit können Sie ein gutes Stück Butter ganz wunderbar zu einem außergewöhnlich dekorativen Mitbringsel machen.

Material
zum Verpacken
1 Glas
2–3 Modeln
Butterbrotpapier
Band in Blau

Zubereitung

1 Geben Sie die Butter in das Glas und streichen Sie die Oberfläche mit einem Löffel möglichst glatt.

2 Drücken Sie die Modeln in die Butter, bis sie sichtbare Abdrücke hinterlassen.

Zum Verpacken

1 Schlagen Sie das Glas unten mit Butterbrotpapier ein – nicht oben, sonst sieht man das Muster nicht mehr.

2 Befestigen Sie die Modeln mit Band an dem Glas. Notfalls können Sie auch etwas Tesafilm oder klares Klebeband zu Hilfe nehmen.

Linsensuppe
im Retro-Kochtopf

Zutaten

für etwa 6 Portionen

2 EL Pflanzenöl
1 Zwiebel
250 g Tellerlinsen
1,5 l Gemüsebrühe
3 große Kartoffeln
3 große Möhren
3 Mettwürstchen
1 Bund glatte Petersilie
Salz und schwarzer Pfeffer
(gemahlen)
2 EL Rotwein- oder
Himbeeressig

Material

zum Verpacken

1 schöner, alter Kochtopf
1 Holzlöffel
Geschenkband in Rot-weiß

❧ ❧ ❧

Was gibt es an kalten Tagen Besseres als einen leckeren Teller heißer Linsensuppe? Besonders wenn viele hungrige Gäste erwartet werden, machen Sie dem Gastgeber mit diesem Topf nicht nur eine Freude – sondern auch das Leben ein bisschen leichter.

Zubereitung

1 Das Pflanzenöl in einem großen Topf erhitzen. Die Zwiebel abziehen, fein hacken und im Öl 5 Minuten glasig dünsten.

2 Die Linsen unterrühren und mit der Gemüsebrühe ablöschen. Die Suppe einmal aufwallen lassen, dann abgedeckt köcheln.

3 Die Kartoffeln und die Möhren schälen und fein würfeln, unterrühren.

4 Die Mettwürstchen in grobe Scheiben schneiden und unterrühren (Vegetarier können diesen Schritt überspringen).

5 Die Petersilie kalt abbrausen, trockenschütteln, die Blättchen hacken und unterrühren.

6 Die Suppe nach etwa 30 Minuten, wenn die Linsen weich sind, mit Salz, Pfeffer und Essig abschmecken.

Zum Verpacken

1 Die Suppe in den Kochtopf (z. B. vom Flohmarkt) umfüllen. Den Deckel aufsetzen. Den Topf mit Geschenkband wie ein Paket verpacken.

2 Den Kochlöffel an einem Griff mit Bindfaden befestigen.

BELLA ITALIA

Eingelegte Zucchinistreifen

für ein bisschen italienische Lebensart

Zutaten

für etwa 600 g

500 g Zucchini
4 EL Olivenöl
1 EL Balsamico-Essig
1 Knoblauchzehe
Salz und schwarzer Pfeffer
(gemahlen)
60 g Pinienkerne

Material

zum Verpacken

2 große Gefäße mit
Schnappbügel
500 g italienische, kurze
Nudeln (z.B. Farfalle)
Geschenkband

Eingelegte Zucchini sind einfach zu machen und – falls Sie einen Garten haben – auch eine perfekte Resteverwertung. Dieses pikante Gemüse schmeckt auf der Antipasti-Platte oder in einem Nudelsalat.

Zubereitung

1 Die Enden der Zucchini kappen, die Zucchini waschen und mit einem Sparschäler längs in dünne Streifen schneiden.

2 1 Esslöffel Olivenöl in einer beschichteten Pfanne erhitzen. Ein Viertel der Zucchini-streifen bei mittelhoher Hitze von beiden Seiten im Öl anbraten, bis sie etwas Farbe bekommen. Anschließend in eine Schüssel legen.

3 Die restlichen Zucchinistreifen auf die gleiche Weise verarbeiten.

4 Das restliche Olivenöl aus der Pfanne und den Balsamico-Essig unter die Zucchini-streifen rühren, pikant salzen und pfeffern. Die Knoblauchzehe abziehen, in feine Streifen schneiden und mit den Pinienkernen unterrühren.

5 Die gewürzten Zucchinistreifen in das Gefäß einlegen und abgedeckt mindestens 48 Stunden durchkühlen lassen.

Zum Verpacken

1 Ein Gefäß mit den Zucchinistreifen füllen, das andere Gefäß mit den Nudeln.

2 Beide Gefäße mit einem Band zusammenbinden.

Gebeizter Lachs

mit pikanter Senfsauce

Zutaten

**für den Lachs
(etwa 14 Portionen)**

1 kg Lachs mit Haut (aus
dem Mittelstück)
1 Schnapsglas Wodka
2 EL Meersalz
Schwarzer Pfeffer
(gemahlen)
4 Bund Dill

Für die Senfsauce

1 Bund Dill
2 EL Senf
100 ml Pflanzenöl
2 EL flüssiger Honig
1 EL Balsamico-Essig
Salz und schwarzer Pfeffer

Lachs selbst beizen ist nicht nur sehr einfach, sondern auch wirtschaftlich gedacht. Danach werden Sie auch nie wieder die vorgeschnittene, abgepackte Ware aus dem Supermarkt essen mögen. Rechnen Sie 48 Stunden Marinierzeit.

Zubereitung

1 Den Lachs kalt abspülen, sorgfältig trockentupfen. Eine Arbeitsfläche mit Küchenfolie auslegen. Den Lachs längs oder quer halbieren. Die Lachshälften mit der Hautseite nach unten nebeneinanderlegen und mit Wodka beträufeln. Dann mit Salz und schwarzem Pfeffer bestreuen. Die Dillbunde waschen, trockentupfen und auf einer Lachshälfte verteilen. Die andere Lachsseite darüberklappen. Den Lachs fest in die Küchenfolie, dann fest in Alufolie wickeln.

2 Den Lachs in eine passende Form legen, mit Gewichten beschweren (z. B. Konserven) und 48 Stunden im Kühlschrank marinieren. Alle 12 Stunden wenden. Dann auf einer Arbeitsfläche ausbreiten, den Dill entfernen.

3 Für die Senfsauce den Dill kalt abbrausen, trockenschütteln und die Dillspitzen fein hacken. Mit den restlichen Zutaten cremig rühren und in eine Flasche füllen.

Material

zum Verpacken

Bügelflasche für die
Senfsauce
Feste, große Pappe
Alufolie
Klarsichtfolie

Zum Verpacken

1 Den Lachs von der Haut befreien und fingerdick in horizontalen Streifen aufschneiden. Die unschöne braune Fettschicht auf der Rückseite abkratzen.

2 Eine große feste Pappe von beiden Seiten mit Alufolie auskleiden. Die Lachsstreifen schräg auf der Platte anordnen, damit man die schöne Lachsfarbe sieht. Die Sauce dazustellen. Damit der Lachs eine Autofahrt angerichtet übersteht, wird er zum Transport einfach in Klarsicht- oder Küchenfolie gewickelt.

Pflaumen in Rum

Wunderbar würzig

In diesem Kapitel möchte ich Ihnen die ganze Vielfalt von
Kräutern und Gewürzen zeigen. Das Schöne daran: Wenn
die Grundprodukte gut sind, dann sind solche Geschenke fix
gemacht und auf jeden Fall auch für Anfänger geeignet; selbst
für Küchenneulinge.

Gewürzöl
mit viel
Basilikum

Gewürzöl
mit viel Basilikum

Zutaten
für etwa 350 ml

4 Bund frisches Basilikum
300 ml mildes Olivenöl
1 TL feines Salz
(z. B. Fleur de Sel)
Frisch gemörserter Pfeffer

Material
zum Verpacken
Kleine Flaschen
Minimalerpappe
Bilderhaken
Bänder
Packpapier

Dieses Öl hält sich zwar nur wenige Tage im Kühlschrank, aber es schmeckt so lecker, dass es dann sowieso aufgebraucht ist. Es passt zu Pizza, Mozzarella, über den Salat und als Dip zu knusprigem Brot; beispielsweise zu Focaccia mit Rosmarin (Seite 52).

Zubereitung

1 Die Basilikumblätter von den Stängeln zupfen und mit kochendem Wasser kurz blanchieren, dann behalten sie ihre Farbe.

2 Das Basilikum mit dem Olivenöl und dem Salz mit dem Pürierstab oder in der Küchenmaschine fein musen. Pfeffern.

3 Das Püree durch ein Haarsieb in eine Schüssel abseihen. Das Basilikumpüree gut ausdrücken. Dann in ein Gefäß umfüllen.

Zum Verpacken

1 Die Minimalerpappen mit »Gewürzöl mit viel Basilikum« beschriften.

2 An der Rückseite der Pappe diagonal Bilderhaken befestigen. Wenn sich die Pappe nicht gut direkt beschreiben lässt, den Text auf ein kleines Etikett aus Butterbrotpapier schreiben, auf die Pappe kleben und die Ränder bunt übermalen.

3 An der Rückseite der Pappe diagonal eine Schlaufe aus Baumwollband ankleben. Ein dünnes Stück Paketband durch die Schlaufe ziehen und die Pappe am Flaschenhals verknoten.

4 Aus Packpapier ein kleines Quadrat ausschneiden und über den Flaschendeckel legen. Mit Baumwollband fest verknoten.

Scharfes Öl
mit Chilischoten

Welches Öl Sie für dieses wirklich scharfe Geschenk als Basis verwenden, bleibt Ihnen überlassen. Es schmeckt mit intensiveren Ölen wie Olivenöl oder mit eher geschmacksneutralen Ölen wie Sonnenblumenöl. Ich mag es am liebsten mit gutem Rapsöl.

Zutaten
für etwa 500 ml
500 ml gutes Öl
6 getrocknete Chilischoten
1 TL grobes Salz

Zubereitung

1 Das Öl in einem Topf vorsichtig erwärmen. Die Hälfte der Chilischoten fein hacken und ins warme Öl geben. Die restlichen Chilischoten auf die Flaschen verteilen.

2 Das warme Öl in die Flaschen umfüllen und diese verschließen.

Material
zum Verpacken
Dekorative kleine Flaschen
(z.B. gebrauchte
Ahornsirup-Flasche)
6 getrocknete Chilischoten
Leinenband
Kärtchen
Stoffreste

Zum Verpacken

1 Die Chilischoten am Stängel in Leinenfäden einknoten

2 Die Kärtchen mit einem Text Ihrer Wahl beschriften und ins Leinenband einbinden.

3 Die Deckel der Flaschen mit bunten Stoffresten verzieren. Den Leinenfaden – je nach gewählter Flasche – um den Hals oder um den Henkel wickeln.

Glühwein

feinwürzig und wärmend

Zutaten

für etwa 1 l

2 Bio-Orangen
100 g feinster Zucker
750 ml fruchtiger Rotwein
5 Gewürznelken
5 Pimentkörner
1 Prise Muskatnuss oder
Mazisblüte

Material

zum Verpacken

Glasflasche mit
Bügelverschluss
Filz in Grün
Kordel in Braun
Zimtstangen
Bastelkarton
Paketband

Der Glühwein vom Weihnachtsmarkt kommt viel zu oft aus einem Riesencontainer, fertig gemixt und überwürzt. Dieser Glühwein ist hingegen fein aromatisiert und macht wirklich Lust auf den Winter.

Zubereitung

1 Die Schale der Orangen fein abreiben, die Orangen auspressen. Beides in einem Topf mit Zucker bedecken, einmal aufwallen lassen, dann mehrere Minuten einköcheln, bis es eine sirupartigen Konsistenz annimmt.

2 Den Rotwein angießen und mit den Gewürzen unterrühren.

3 Einmal durchwärmen lassen (nicht aufkochen), dann abseihen.

Zum Verpacken

1 Den fertigen Glühwein in die Flasche füllen.

2 Den Filz mittig um die Flasche wickeln und die Enden mit brauner Kordel grob zusammennähen. Dann sorgfältig festkleben – sonst kann die Flasche rausrutschen.

3 Binden Sie mehrere Zimtstangen mit einem Stück Kordel zusammen und befestigen Sie sie mit der Wäscheklammer am Filz.

4 Aus Bastelkarton ein Etikett zurechtschneiden, beschriften und mit Paketband am Bügelverschluss festknoten.

Glühwein

Tipp

Verwenden Sie für dieses Rezept
vorzugsweise nicht im Barrique
ausgebauten Rotwein:
Er schmeckt schmeckt milder
und hat keinen
holzigen Geschmack.

Pflaumen
in feinem Rumtopf

Zutaten
für 1 l

500 g einwandfreie
Pflaumen
250 g feinster Zucker
750 ml Rum

Material
zum Verpacken

Glas mit Bügelverschluss
Pappe in Blau
Filz in Rot
Bastelkarton
Bast in Rot
Masking Tape
Holzspieße

Der Rumtopf ist völlig aus der Mode gekommen – wieso eigentlich? Er hält ewig und peppt jede Nachspeise auf, von der schlichten Quarkspeise bis zum Eis oder Kuchen. Vielleicht finden Sie ja bei Ihrer Mutter noch einen alten Rumtopf aus Steingut. Aber auch ein Glas mit Bügelverschluss eignet sich dafür.

Zubereitung

1 Die Pflaumen waschen, entsteinen, vierteln und in eine Schüssel geben.

2 Die Pflaumen mit Zucker bestreuen und 2 Stunden Saft ziehen lassen. Die Pflaumen mit dem Saft und dem Zucker in die Steingutbehältnisse oder Gläser umfüllen. Den Rum angießen.

3 Rumtopf abgedeckt an einem kühlen Ort 6 Wochen durchziehen lassen; zwischendurch immer wieder durchrühren.

Zum Verpacken

1 Die Pappe in Pflaumenform zuschneiden und beschriften. Mit Ranken und Pflaumen bemalen.

2 Aus dunkelrotem Filz zwei Kreise ausschneiden (als Schablone kann ein Glas dienen), aus Bastelkarton einen kleineren Kreis als Etikett. Das Etikett beschriften, alle Kreise zusammen lochen, ein langes Stück Bast durchziehen und dieses um das Glas binden.

3 Aus Masking Tape kleine Fähnchen basteln, an Schaschlikspieße kleben und diese unter die Bastschleife schieben. Die Spieße können später zum Servieren benutzt werden, um Pflaumen aus dem Glas herauszunehmen.

Minzedressing

als würziger Dip für Kartoffel-Fans

Zutaten

für etwa 250 ml

3 Bund frische Minze

1 Bund glatte Petersilie

200 ml Schmand

2 EL Olivenöl

1 kleine Knoblauchzehe

Salz und frisch
gemörserter Pfeffer

1 Msp. Cayennepfeffer

Frische Minze passt prima als Dip zu Gemüse und vor allen Dingen zu Kartoffeln. Hier wird das Geschenk picknicktauglich gemacht. Verwenden Sie ein schönes Geschirrtuch oder einen Stoffrest für den Kartoffel-Beutel, der in ein paar Minuten genäht ist.

Zubereitung

1 Die Kräuter kalt abbrausen und trockenschütteln. Die Blättchen abzupfen und fein hacken.

2 Den Schmand mit dem Olivenöl in einer Schüssel verrühren. Die Kräuter unterrühren.

Material

zum Verpacken

Stoffrest oder Küchentuch
(etwa 30 x 20 cm)

Nähgarn

100 g Kartoffeln

Schraubglas

Geschenkband

3 Die Knoblauchzehe abziehen, ganz fein hacken und mit dem Salz zu einer Paste zerdrücken. Beides mit Pfeffer und Cayennepfeffer unter das Dressing rühren. Bis zum Verwenden kühl stellen.

Zum Verpacken

1 Den Stoffrest oder das Küchentuch übereinanderlegen. Die drei offenen Seiten mit einer Zickzackschere begradigen.

2 Eine kurze und eine lange Seite direkt an der gezackten Kante zusammennähen.

3 Die Kartoffeln von Sand säubern, in den Beutel füllen, das Minzedressing in das Schraubglas füllen und dieses ebenso in den Beutel legen.

4 Den Beutel mit einem passenden Baumwollband zubinden.

MINZE
DRESSING
FÜR
Kartoffeln

Bitterorangen-Marmelade

für eine englische Teestunde

Zutaten
für 4 Gläschen
(etwa 1 kg)
300 g Sevilla-Orangen
1 unbehandelte Zitrone
300 g Kristallzucker

Material
zum Verpacken
4 Einmachgläser
Etiketten und weiße
Aufkleber
Packpapier
Bänder in Grün
Getrocknete
Orangenscheiben
Doppelseitiges Klebeband

Englische Orangenmarmelade mit ihrem leicht bitteren Aroma passt wunderbar zu Tee, Scones oder einem späten Frühstück. Diese Marmelade dauert zwar insgesamt einen Tag, aber Sie müssen nur kurz dabei sein; die meiste Zeit kocht sie alleine.

Zubereitung

1 Die Zitrusfrüchte im Ganzen in einen Topf geben, mit Wasser bedecken, einmal aufwallen lassen, dann bei leichter Hitze köcheln, bis sie völlig weich geworden sind. Mit einem Schaumlöffel aus dem Sud heben, auf eine Arbeitsplatte legen und abkühlen lassen. Dann halbieren. Das Fruchtinnere mit einem Löffel ausschaben und in einen mittelgroßen Topf umfüllen. 200 ml Sud angießen, abgedeckt einmal aufwallen, dann einige Minuten köcheln lassen.

2 Ein Sieb mit einem Küchentuch auslegen. Darunter eine Schüssel stellen. Den Sud mit dem Fruchtfleisch durch das Sieb gießen. Das Küchentuch fest zusammendrücken, damit möglichst viel Fruchtfleisch in den Sud fließt. Die Orangenschalen fein schneiden, unter den ausgedrückten Sud rühren und über Nacht abgedeckt ruhen lassen.

3 Den Zucker einstreuen und bei leichter Hitze unter häufigem Rühren köcheln, bis die Zuckerkristalle gelöst sind. Dann abgedeckt etwa 1 Stunde köcheln lassen. Eine Gelierprobe machen: Wenn das Gelee auf einem gekühlten Tellerchen nach 1–2 Minuten fester wird, ist die Marmelade fertig. Die fertige Marmelade in Gläser abfüllen, diese verschließen und einige Minuten auf den Kopf stellen.

Zum Verpacken

1 Aus Papier ein Etikett in Orangenform ausschneiden, lochen, beschriften. Die Deckel mit etwas Packpapier verzieren und mit grünem Band fixieren. Die Etiketten einbinden. Getrocknete Orangenscheiben mit Klebeband auf dem Deckel befestigen.

ORANGE
MARMALADE

Kräutertee

für einen gesunden Start in den Tag

Zutaten

für 10 Beutel

4 EL Brennesselblätter
4 EL Himbeerblätter
2 EL Zitronenmelisse
2 EL Hagebuttenstücke
1 EL Hibiskusblüten

Für diesen Kräutertee können Sie selbst in der Natur nach Grundprodukten suchen. Trocknen Sie aber nur einwandfreie Blätter. Die selbst genähten Teebeutel betonen, dass es sich hier um einen wirklich wertigen Tee handelt.

Zubereitung

1 Alle Kräuter in eine saubere Schüssel geben und gründlich mischen.

Material

zum Verpacken

10 Einweg-Teebeutel
(Drogerie)
Festeres Papier
Faden in Weiß
Kleine Keksausstechform
(z. B. Teekanne)
Mittelgroßes Bügelglas
Seidenpapier in Rot
und Blau
Masking Tape in Blau

Zum Verpacken

1 Aus den Einweg-Teebeuteln mit der Zickzackschere Kreise von etwa 4 cm Umfang schneiden. Die runden Beutel mit einem kleinen Rand zu zwei Drittel zunähen. Dann mit Tee befüllen und die Teebeutel anschließend ganz zunähen.

2 Aus Papier kleine Anhänger nach Wunsch (z. B. Gans, Seite 124) zurechtschneiden. Sie sorgen dafür, dass Sie die Teebeutel wieder aus dem Becher oder aus der Kanne fischen können. An den Anhänger mit einem Tacker weißen Faden befestigen und das andere Ende am Teebeutelrand ebenfalls festtackern.

3 Eine Keksausstechform oder eine der Vorlagen von Seite 124 auf Papier nachzeichnen und ausschneiden. Darauf die Inhaltsstoffe des Tees schreiben. Sie können auch mehrere dieser Formen ausschneiden und darauf beispielsweise den Namen des Beschenkten und den Anlass notieren.

4 Die Teebeutel in ein kleines, mit Seidenpapier ausgelegtes Bügelglas füllen und die Anhänger heraushängen lassen. Das Glas verschließen und mit einer Schleife zubinden. Das Etikett auf den Deckel kleben. Wer mag, verschenkt noch eine Keksausstechform dazu, die mit Masking Tape auf dem Deckel befestigt wird.

Gewürzbeutel

für hausgemachten Glühwein

Zutaten
für 4 Beutel
1 Bio-Orange
12 Gewürznelken
4 Sternanis
4 EL brauner Zucker
12 Pimentkörner
4 Zimtstangen
4 Einweg-Teebeutel

Diese Glühbeutel können Sie für Rotwein, Weißwein, aber auch für Apfelwein verwenden. Mit einer passenden Flasche verpackt ein echter Hingucker, aus dem man ganz schnell ein köstliches Getränk zaubern kann.

Zubereitung

1 Die Bio-Orange in gleichmäßigen Abständen mit den Gewürznelken spicken.

2 Die restlichen Würzzutaten auf die Teebeutel verteilen.

Material
zum Verpacken
1 Kiste
Holzwolle oder Leinentuch
Holzbrett
1 Flasche Rot-, Weiß- oder Apfelwein
Stoffrest
Sisalband
Holzklammern
Geschenkband
Pappe im Weiß

Zum Verpacken

1 Eine Kiste mit Holzwolle oder einem alten Leinentuch auslegen. Den Deckel, falls vorhanden, entfernen. Ein kleines altes Holzbrett hineinlegen, auf dem die Flasche drapiert werden kann.

2 Um die Flasche einen Leinenstoffrest legen und Holzbrett, Flasche und Stoff mit dickem Sisalband zusammenbinden. Die befüllten Teebeutel mit kleinen Holzklammern am Sisalband festklammern und die gespickte Orange mit einem Schleifenband am Flaschenhals festbinden.

3 Die Pappe als Doppelkarte zuschneiden und die Zubereitung erklären: »Das Getränk in einem passenden Topf mit der gespickten Orange und 1–2 Teebeuteln erwärmen. Dann abgedeckt bei leichter Hitze 20 Minuten ziehen lassen.«

Kräutersalz
frisch aus dem Ofen

Zutaten
für etwa 250 g
200 g gutes Salz ohne
Rieselhilfe (Bioladen,
Reformhaus)
1 Bund Thymian oder
Rosmarin

Material
zum Verpacken
Holzschälchen
Leinenband
Frische Kräuter
Stoffreste
Packpapier
Paketkordel

Kräutersalz gibt es zwar überall zu kaufen, doch es schmeckt oft künstlich und auch die Qualität ist nicht immer gut. Wählen Sie für Ihr selbst gemachtes Geschenk ein hochwertiges Salz als Basis – am besten ohne künstliche Rieselhilfe.

Zubereitung

1 Den Ofen auf 80 °C vorheizen. Die Kräuter durch Schütteln von Sand befreien. Bei stärkerer Verschmutzung kurz unter kaltem Wasser abbrausen und trockenschütteln. Auf einem flachen Backblech nebeneinander ausbreiten.

2 Einen Holzstiel in die Backofentür klemmen. Kräuter 60 Minuten trocknen lassen, dann von den Stängeln rebeln und mit dem Salz in einer Schüssel verrühren.

Zum Verpacken

1 Das Salz in ein Holzschälchen füllen. Die Öffnung sollte groß genug sein, dass man mit den Fingerspitzen hineinfassen kann.

2 Das Holzschälchen mit Leinenband umwickeln. Frische Kräuter zur Dekoration darüberstreuen.

3 Aus einem Stoffrest mit der Zackenschere ein längliches Etikett ausschneiden. Aus Packpapier passend dazu ein etwas kleines Etikett zurechtschneiden. Beide zusammen lochen und ein Baumwollband durch die Löcher ziehen. Das Etikett mit Paketkordel am Leinenband befestigen.

Salz mit Kräutern

Tipp

Auch die ausgehöhlte
Vanilleschote kann man zum
Aromatisieren von Salz sowie
Zucker verwenden. Wenn das
»echte« Vanillesalz also
aufgebraucht ist, ist die Schote
immer noch ein guter Ersatz.

Vanillesalz
für Süßes und Pikantes

Zutaten
für 100 g
1 Bourbon Vanilleschote
in einem Glasfläschchen
100 g Salz
(z. B. Fleur de sel)

Mit Vanillesalz können Sie wunderbar aromatisieren, von der Milchschokolade bis hin zu Fisch und Meeresfrüchten. Wählen Sie als Basis ein gutes Salz, beispielsweise ein Fleur de sel. So heißt die sogenannte Salzblume auf Französisch. Sie bezeichnet die oberste Salzschicht, die sich auf Salinen bildet. Sie ist so zart, dass sie nur von Hand mit speziellen Schrubbern »geerntet« wird.

Zubereitung

1 Die Vanilleschote mit einem scharfen Messer längs halbieren und das Mark herauskratzen.

2 Das Salz in ein Schüsselchen füllen und mit dem Mark verrühren. Das geht am besten mit einer Gabel.

Material
zum Verpacken
Sektflöte
Zellophanpapier
Bunte Schleife
Masking Tape

Zum Verpacken

1 Das fertige Salz in eine Sektflöte füllen, diese in Zellophanpapier wickeln und mit einer bunten Schleife binden.

2 Die ausgehöhlte Vanilleschote wieder in das Fläschchen schieben und mit Masking Tape an die Sektflöte kleben.

Barbecue-Würzmischung

für echte Grillmeister

Zutaten

für etwa 150 g

2 EL Salz
2 EL feinster Zucker
2 EL brauner Zucker
2 EL Kreuzkümmelpulver
2 EL Chilipulver
2 EL gemörserter
schwarzer Pfeffer
1 EL Cayenne-Pfeffer
50 g Paprika, edelsüß

Material

zum Verpacken

Verschließbares Gefäß,
idealerweise dunkel
Spitzendeckchen aus
weißem Papier
Pappe
Bänder in Gelb

Macht aus Vorstadtgrillern echte Kerle … Dieses Rezept eignet sich am besten für Gerichte mit Schweinefleisch, aber auch für Lamm und Rindfleisch. Damit die Würzkraft nicht zu schnell schwindet, sollte die Würzmischung hinterher an einem kühlen Ort und idealerweise in einem dunklen, verschließbaren Behältnis aufbewahrt werden. Licht und Wärme nehmen Gewürzen ihre Kraft.

Zubereitung

1 Alle Zutaten in einer Schüssel verrühren und dann in das Gefäß umfüllen.

Zum Verpacken

1 Das Gefäß fest verschrauben und mit einem weißen Spitzendeckchen dekorieren.

2 Einen passenden Pappdeckel zuschneiden und auf das Spitzendeckchen kleben.

3 Mit einem gelben Band schmücken. Aus Pappe ein kleines Schild ausschneiden, das Herstellungsdatum darauf schreiben und am Gefäß befestigen.

Pizza-Paket

Vom Gewürz bis zur Tomate – alles für den Belag

Zutaten

für den Belag einer Pizza

500 g Rispentomaten in
der Schachtel
1 TL Thymian, gerebelt
1 TL Rosmarin, gerebelt
1 TL Oregano, gerebelt
½ TL Chiliflocken
½ TL Knoblauchpulver
Salz und gemörserter
Pfeffer
250 g Mozzarella

Material

zum Verpacken

Tomatenschale
oder Kistchen
Glasröhrchen
(z. B. von einer Bourbon-
Vanillestange)
Papier
Sisalband
Stoffreste
Mozzarella

Einen Pizza-Teig haben Sie sicherlich eingefroren, wenn Sie Kinder haben. Ansonsten ist er schnell selbst gemacht. Der nötige Rest für einen gelungenen, italienischen Abend steckt in diesem Pizza-Paket.

Zubereitung

1 Die Tomaten mit den Stängeln waschen, gut abtrocknen. Die Verpackungsschale bei Bedarf reinigen.

2 Die Gewürze in einem Schüsselchen gut verrühren.

Zum Verpacken

1 Die Tomaten wieder in der Verpackungsschale anrichten und die Gewürze in das Glasröhrchen füllen.

2 Auf ein schönes Stück Papier die Inhaltsstoffe schreiben und das Papier mit etwas Band am oberen Ende des Röhrchens befestigen.

3 Einen kleinen Stoffrest über den Deckel legen und mit einem Sisalband verknoten. Das Röhrchen zwischen die Tomatenscheiben schieben.

4 Den Mozzarella (besonders schön: im Becher abgefüllter Büffelmozzarella) mit grobem Sisalband umwickeln und dazubinden.

Winter auf dem Land

Wenn Ihnen bislang noch nicht gemütlich ums Herz
geworden ist, dann aber spätestens jetzt! Winterliche
Stimmungen sind so unverwechselbar und beruhigend
für Herz und Seele wie das Plätschern eines Gebirgsbachs
oder das sanfte Rauschen des Ozeans.

Mince Pies

für einen Hauch von englischer Weihnacht

Für die Mince-Meat-Formen können Sie im Internet fündig werden oder in schönen Dekoläden. Wenn es schnell gehen soll, können Sie sich auch mit Muffinförmchen behelfen. Nicht original englisch, aber geschmacklich klappt es trotzdem.

Zubereitung

1 Für die Füllung alle Zutaten außer dem Brandy über Nacht in einer Schüssel durchziehen lassen. Am nächsten Tag den Ofen auf 120 °C vorheizen. Die marinierten Zutaten in einem Topf etwa 2 Stunden garen, zwischendurch den Flüssigkeitsgehalt überprüfen. Bei Bedarf noch etwas heißes Wasser angießen. Dann mit dem Brandy verrühren und beiseitestellen.

2 Für den Teig die Butter in eine Schüssel reiben und mit dem Mehl und dem Zucker mit den Fingerspitzen zu einem Teig verkneten. Den Ofen auf 160 °C vorheizen. Von knapp der Hälfte des Teigs walnussgroße Stücke abstechen und sie in die Formen drücken. Die Füllung darauf verteilen. Den restlichen Teig zu dünneren Deckeln für die Pies formen.

3 Die Deckel mehrfach mit einer Gabel einstechen. Das Ei verquirlen und darüber verteilen. Etwa 20 Minuten goldbraun und knusprig backen. Mit Puderzucker bestreuen.

Zum Verpacken

1 Mince Pies zu Türmchen übereinanderstapeln. Schmale Rechtecke aus Glanzpapier dazwischen stecken, damit die Mince Pies nicht aneinander festkleben.

2 Die Türmchen in Zellophanbeutel füllen und mit Satin- oder Baumwollband zusammenbinden. Wenn Sie eine Vintage-Form verwendet haben, können Sie diese dazu verschenken.

Zutaten

für etwa 20 Stück

Puderzucker
1 kleiner Apfel
2 EL Rindertalg oder Butterschmalz
Je 1 EL Sultaninen, Korinthen, Orangeat
Je 2 EL Zucker und Rosinen
1 Bio-Zitrone, Schale, Saft
1 EL Mandelsplitter
Je 1 Msp. Pimentpulver, Zimtpulver, Muskatnuss
1 EL Brandy
Je 200 g kalte Butter, Mehl
100 g Zucker
1 Ei

Material

zum Verpacken

Glanzpapier
Zellophanbeutel
Satin- oder Baumwollband
Mince-Meat-Ausstechformen

Mini-Walnuss-Brownies

Ein kerniges Stück Winter-Genuss

Zutaten

für etwa 50 Brownies

350 g Butter
400 g Zartbitterschokolade
6 Eier
250 g Zucker
250 g Mehl
1 TL Salz
300 g Walnüsse

Material

zum Verpacken

Seidenpapier
Zellophanpapier
Geschenkband
Walnussschalen
Bastelkarton

Diese Brownies sind durchaus ein gehobenes Geschenk, entsprechend edel sollte das Styling ausfallen. Wenn Sie die Walnüsse im Ganzen kaufen, sparen Sie nicht nur Geld, sondern haben auch gleich einen Teil der Deko erworben.

Zubereitung

1 Den Ofen auf 180 °C vorheizen. Die Butter und die Schokolade hacken und im Wasserbad schmelzen lassen. Inzwischen die Eier und den Zucker mit dem Rührmixer in einer Schüssel so lange schlagen, bis die Masse hellgelb ist und an Volumen zugenommen hat.

2 Die Butter-Schokolade-Masse etwas abkühlen lassen, dann portionsweise einarbeiten und gut schlagen. Das Mehl mit dem Salz verrühren und unterziehen. Die Walnüsse unterrühren. Eine viereckige, große Backform bei Bedarf mit Backpapier auslegen. Die Masse einfüllen.

3 Die Brownies etwa 25 Minuten backen, bis sie oben trocken, in der Mitte aber noch klitschig sind. Vor dem Aufschneiden etwas abkühlen lassen.

Zum Verpacken

1 Die Brownies in mundgerechte Happen teilen, auf ein schönes Stück Seidenpapier setzen und in Zellophan verpacken.

2 Die beiden Enden mit Geschenkband zubinden. Das Band jeweils zwischen zwei Walnusshälften legen und diese zusammenkleben.

3 Aus Bastelkarton eine Raute zurechtschneiden und auf dieser zwei Walnusshälften festkleben. Den Karton mit doppelseitigem Klebeband auf die Verpackung kleben.

Tipp

Wenn Sie die Brownies
in der Weihnachtszeit
verschenken, können Sie die
Walnusshälften auch mit
Goldlack einsprühen.

Lebkuchen

nach einem niederbayrischen Familienrezept

Zutaten

für etwa 12 Stück

70 g Butter
150 g Zucker
2 Eier
125 ml Milch
250 g Mehl
1 Pck. Backpulver
100 g Zitronat
100 g Orangeat
200 g gehackte Haselnüsse
100 g Rosinen
1 TL Zimt
½ TL Nelkenpulver
12 Oblaten
200 g Zartbitter-, Milch-
schokolade oder Kuvertüre
30 Mandeln zum
Dekorieren

Material

zum Verpacken

Bastelkarton
Hohes Weckglas mit
Metallbügel
Leinenbänder, Schleifen
Filz

Dieses Rezept stammt von meiner Oma aus Niederbayern. Sie können die Lebkuchen schon backen, wenn Sie Ende November das erste Mal Weihnachtsgefühle überfallen, denn sie schmecken besser, wenn sie ein bisschen durchgezogen sind.

Zubereitung

1 Den Ofen auf 180 °C vorheizen. Die Butter und den Zucker mit dem Rührmixer in einer Schüssel schaumig schlagen. Die Eier nacheinander unterrühren und so lange schlagen, bis die Masse aufhellt. Die Milch einarbeiten. Das Mehl mit dem Backpulver verrühren, untersieben und vorsichtig unterziehen. Die restlichen Zutaten und Aromaten unterrühren. Die Masse ist nun recht zäh. Die Masse auf Oblaten verteilen und 15 Minuten backen. Die Lebkuchen sind dann noch recht weich, trocknen aber an der Luft. In der Zwischenzeit die Schokolade hacken und im Wasserbad schmelzen

2 Die Lebkuchen erst vollständig abkühlen lassen. Dann mit Schokolade überziehen und mit Mandeln dekorieren. Nach einer Stunde sind sie trocken.

Zum Verpacken

1 Aus dickem Bastelkarton Kreise ausschneiden, die etwas größer sind als die Lebkuchen (als Schablone dient ein Glas). Die Lebkuchen auf die Runde setzen und in das Weckglas schichten. Das Weckglas mit Metallbügeln verschließen und mit einer Schleife aus Leinenband umbinden. Ein Rund oben auf den Deckel kleben.

2 Mit der Vorlage von Seite 124 einen Stern auf Filz zeichnen und ausschneiden. Mit einer kleineren Ausstechform eine Blüte als Etikett auf Bastelkarton zeichnen und ebenfalls ausschneiden.

3 Das Etikett beschriften, Stern und Blüte zusammen lochen und an das Glas binden.

Spekulatius-Schmuck

für die Tafel oder den Weihnachtsbaum

Zutaten

für den Teig
(etwa 30 Stück)
100 g Butter
125 g feinster Zucker
1 Ei
1 Msp. Zimtpulver
1 Msp. Nelkenpulver
1 Msp. Kardamompulver
2 g Hirschhornsalz
(Apotheke)
300 g Mehl
150 g Mandelblättchen

Dieses Rezept geht zwar fix, aber die ausgestochenen Formen müssen über Nacht trocknen und werden erst dann gebacken. Verwenden Sie Formen mit einem Loch, durch das Sie dann das Band ziehen können. Alternativ bohren Sie ein Loch je nach Ausstechform – zum Beispiel für Engelsflügel, Nikoläuse oder Rentiere.

Zubereitung

1 Die Butter mit dem Zucker mit dem Rührmixer in einer Schüssel schaumig schlagen. Das Ei unterrühren und schlagen, bis die Masse aufhellt. Die Aromaten mit dem Hirschhornsalz und dem Mehl verrühren und vorsichtig einsieben. Den Teig gut kneten.

2 Den Teig auf einer bemehlten Arbeitsfläche dünn ausrollen und ausstechen. Ein Backblech mit Backpapier auslegen. Die ausgestochenen Formen auf dem Backpapier nebeneinanderlegen, mit Mandelblättchen bestreuen und über Nacht im kalten Ofen trocknen lassen.

3 Die Backbleche entfernen, den Ofen auf 190 °C vorheizen, die Spekulatius, je nach Größe, 8–15 Minuten knusprig backen. Zwischendurch überprüfen, ob die Mandelblättchen nicht zu sehr eindunkeln; dann gegebenenfalls mit Alufolie abdecken.

Material

zum Verpacken
Geschenkband
Tannen- oder Kieferzweig

Zum Verpacken

1 Die fertig gebackenen Kekse mit Bändern (etwa 10 cm lang) versehen.

2 Den Tannen- oder Kieferzweig gut schütteln, um Schmutzreste zu entfernen.

3 Die Kekse mit den Bändern an dem Zweig befestigen.

Zimtsterne

als würziger Wintergruß

Zutaten

für etwa 40 Stück

500 g Zucker
1 Bio-Zitrone
6 Eiweiß
500 g Mandeln
1 TL Zimtpulver

Material

zum Verpacken

Leinenstoff
Pappe
Öse
Schleifenband
Zellophanbeutel
Sisalband

Zimtsterne sind ein typisches deutsches Wintergebäck. Für die krümelige Eiweißkruste der Zimtsterne können Sie gut eingefrorenes Eiweiß verwenden.

Zubereitung

1 Den Zucker in eine Schüssel geben. Die Schale der Bio-Zitrone abreiben und mit dem Eiweiß und dem Zucker mit dem Rührmixer mehrere Minuten steif schlagen. Vier Esslöffel Eischneemasse zum Bestreichen beiseitestellen.

2 Die Mandeln mahlen. Unter den Eischnee rühren und mit Zimt zu einer glatten Masse verrühren (sie klebt!). Drei große Gefrierbeutel an einer Längsseite aufschneiden. Die Teigmasse einfüllen und mit dem Nudelholz zu etwa 1 cm Dicke ausrollen. Zwei Stunden durchkühlen lassen, dann klebt der Teig nicht mehr so stark. Den Ofen auf 130 °C vorheizen. Die Gefrierbeutel aufschneiden, den Teig mit Sternausstechform ausstechen.

3 Backbleche mit Backpapier auslegen. Die Teigsterne auslegen und mit der Eischneehaube bestreichen. 15 Minuten backen, dann auf 100 °C herunterschalten und weitere 10 Minuten backen. Der Eischnee soll nicht eindunkeln, aber der Teig muss durchgebacken sein. Die Zimtsterne auf einem Kuchengitter abkühlen lassen.

Zum Verpacken

1 Aus Leinen zwei Sterne (etwa 15 cm) ausschneiden. Eine kleine quadratische Pappe dazwischen legen und alles zusammennähen. Sternzacken lochen und eine Öse einschlagen. Ein Schleifenband doppellagig durchziehen und auf der Hinterseite des Sterns zu einer Schlaufe knoten. An dieser kann der Stern später aufgehängt werden.

2 Die Zimtsterne vorsichtig in einen Zellophanbeutel schichten. Die Bänder verknoten und zur Schleife binden. Die Sternausstechform mit Sisalband an der Schleife festbinden.

Vorlagen für Geschenkanhänger

Adressen, die Ihnen weiterhelfen

Die meisten der verwendeten Materialien finden Sie in einem gut sortierten Supermarkt oder Bastelgeschäft. Sollte das nicht der Fall sein, werden Ihnen die folgenden Adressen weiterhelfen:

Flaschen, Einmachgläser, Etiketten

Jens Heil
Alsenhecke 3
56244 Sessenhausen
www.flaschenland.de

Muffinförmchen

MeinCupcake.de
Vogelsanger Str. 354
50827 Köln
www.meincupcake.de

Backformen

Marco Buckreus
Hohe Straße 3
96342 Stockheim, OT Burggrub
www.brotbackformen-buckreus.de

Cucinaria – Der Küchentempel
20251 Hamburg
Straßenbahnring 12
www.cucinaria.de

Mince-Meat-Ausstechformen

Shabby & Chic
Bogenstr. 3
20144 Hamburg.
www.shabbyundchic.de

Getrocknete Orangenscheiben

Tafeldeko GmbH
Bahnhofstr. 25/2
66687 Wadern
www.tafeldeko.de

Blüten

Madavanilla
In der Hut 3c
86565 Peutenhausen
www.madavanilla.de

Holzlöffel

babyträume Textilhandel GmbH
Frohnhauser Str. 432
45144 Essen
www.babytraeume.de

Kalligraphiestift

Stempel Eckstein GmbH
Schwabacher Str. 48
90762 Fürth
www.ecksteinkreativ.de

Musterblätter

Werner Winkler
Kurze Str. 6
71332 Waiblingen
www.kalligrafien.de

Geschenkbänder

Geschenkband.de
Jahnstr. 4
D-97526 Sennfeld
www.geschenkband.de

Leinenbänder

acufactum
Buchenstr. 11
58640 Iserlohn-Hennen
www.acufactum.de

Rezeptverzeichnis

Über die Autorin

Gabriele Gugetzer ist Reise- und Foodjournalistin. Seit über zwanzig Jahren schreibt sie für Zeitschriften wie *Stern, Gesund Leben, Grazia, BEEF!* und *Slow Food* und hat bisher knapp 25 Kochbücher geschrieben. Die Food-Expertin aus Hamburg liefert überdies seit dem Start für die Zeitschrift *LandGenuss* Reportagen.

Über die Fotografin

Frauke Antholz ist seit 11 Jahren als selbstständige Fotografin im Bereich Editorial – Food und Stills tätig. Als leidenschaftliche Köchin steht sie auch gern selbst in der Küche – kocht, stylt und bastelt, sucht und sammelt die passenden Requisiten, bis dann endlich mit viel Liebe zum Detail fotografiert wird. Die Kielerin arbeitet für Verlage und Redaktionen und ihre Fotos erscheinen regelmäßig in Magazinen rund ums Kochen und Genießen.

Impressum

Bibliografische Information der Deutschen Nationalbibliothek

Die Deutsche Nationalbibliothek verzeichnet diese Publikation in der Deutschen Nationalbibliografie; detaillierte bibliografische Daten sind im Internet über http://dnb.d-nb.de abrufbar.

BLV Buchverlag
GmbH & Co. KG

80797 München

© 2014 BLV Buchverlag GmbH & Co. KG, München

Bildnachweis:
Alle Fotos: Frauke Antholz;
außer: S. 4, S. 127 l: Uwe Toelle; S. 127 r: Holger Münchow

Umschlagfotos: Frauke Antholz
Umschlagkonzeption: Kochan & Partner, München

Grafiken: Angelika Tröger
Lektorat: Janina Beckmann
Herstellung: Angelika Tröger
Layoutkonzept: griesbeck design, Dorothee Griesbeck, München
Layout und DTP: Anton Walter, Gundelfingen

Gedruckt auf chlorfrei gebleichtem Papier
Printed in Germany

ISBN 978-3-8354-1178-4

Hinweis
Das vorliegende Buch wurde sorgfältig erarbeitet. Dennoch erfolgen alle Angaben ohne Gewähr. Weder Autorin noch Verlag können für eventuelle Nachteile oder Schäden, die aus den im Buch vorgestellten Informationen resultieren, eine Haftung übernehmen.

Köstliches mit Milch und Sahne, Quark, Joghurt & Co.

Ursula Fiechtner
Das Landfrauen Milch-Kochbuch
Landfrauen und ihre Lieblingsrezepte mit Milch ·
70 Originalrezepte und viele Küchentipps – au-
thentisch präsentiert von den Bäuerinnen selbst ·
Mit Milch und Sahne: von Produkten wie Butter,
Käse, Kefir, Joghurt, Buttermilch und Quark bis
zu Gerichten wie Milchsuppe, Käsesalat und
Topfenstrudel · Milch-Geschichte, Sorten, Inhalts-
stoffe, Verwendung.
ISBN 978-3-8354-1123-4

www.blv.de